中华精神家园

汉语之魂

兵家韬略

兵法谋略与文化内涵

肖东发 主编 冯化志 编著

中国出版集团

现代出版社

图书在版编目（CIP）数据

兵家韬略 / 冯化志编著. — 北京：现代出版社，
2014.10（2021.7重印）

（中华精神家园书系）

ISBN 978-7-5143-2969-8

Ⅰ. ①兵… Ⅱ. ①冯… Ⅲ. ①兵法－中国－古代
Ⅳ. ①E892.2

中国版本图书馆CIP数据核字(2014)第236576号

兵家韬略：兵法谋略与文化内涵

主　　编：肖东发
作　　者：冯化志
责任编辑：王敬一
出版发行：现代出版社
通信地址：北京市定安门外安华里504号
邮政编码：100011
电　　话：010-64267325　64245264（传真）
网　　址：www.1980xd.com
电子邮箱：xiandai@cnpitc.com.cn
印　　刷：三河市嵩川印刷有限公司
开　　本：710mm×1000mm　1/16
印　　张：11
版　　次：2015年4月第1版　　2021年7月第3次印刷
书　　号：ISBN 978-7-5143-2969-8
定　　价：40.00元

　　党的十八大报告指出："文化是民族的血脉，是人民的精神家园。全面建成小康社会，实现中华民族伟大复兴，必须推动社会主义文化大发展大繁荣，兴起社会主义文化建设新高潮，提高国家文化软实力，发挥文化引领风尚、教育人民、服务社会、推动发展的作用。"

　　我国经过改革开放的历程，推进了民族振兴、国家富强、人民幸福的中国梦，推进了伟大复兴的历史进程。文化是立国之根，实现中国梦也是我国文化实现伟大复兴的过程，并最终体现为文化的发展繁荣。习近平指出，博大精深的中国优秀传统文化是我们在世界文化激荡中站稳脚跟的根基。中华文化源远流长，积淀着中华民族最深层的精神追求，代表着中华民族独特的精神标识，为中华民族生生不息、发展壮大提供了丰厚滋养。我们要认识中华文化的独特创造、价值理念、鲜明特色，增强文化自信和价值自信。

　　如今，我们正处在改革开放攻坚和经济发展的转型时期，面对世界各国形形色色的文化现象，面对各种眼花缭乱的现代传媒，我们要坚持文化自信，古为今用、洋为中用、推陈出新，有鉴别地加以对待，有扬弃地予以继承，传承和升华中华优秀传统文化，发展中国特色社会主义文化，增强国家文化软实力。

　　浩浩历史长河，熊熊文明薪火，中华文化源远流长，滚滚黄河、滔滔长江，是最直接的源头，这两大文化浪涛经过千百年冲刷洗礼和不断交流、融合以及沉淀，最终形成了求同存异、兼收并蓄的辉煌灿烂的中华文明，也是世界上唯一绵延不绝而从没中断的古老文化，并始终充满了生机与活力。

　　中华文化曾是东方文化摇篮，也是推动世界文明不断前行的动力之一。早在500年前，中华文化的四大发明催生了欧洲文艺复兴运动和地理大发现。中国四大发明先后传到西方，对于促进西方工业社会的形成和发展，曾起到了重要作用。

　　中华文化的力量，已经深深熔铸到我们的生命力、创造力和凝聚力中，是我们民族的基因。中华民族的精神，也已深深植根于绵延数千年的优秀文化传统之中，是我们的精神家园。

　　总之，中华文化博大精深，是中国各族人民五千年来创造、传承下来的物质文明和精神文明的总和，其内容包罗万象，浩若星汉，具有很强的文化纵深，蕴含丰富宝藏。我们要实现中华文化伟大复兴，首先要站在传统文化前沿，薪火相传，一脉相承，弘扬和发展五千年来优秀的、光明的、先进的、科学的、文明的和自豪的文化现象，融合古今中外一切文化精华，构建具有中国特色的现代民族文化，向世界和未来展示中华民族的文化力量、文化价值、文化形态与文化风采。

　　为此，在有关专家指导下，我们收集整理了大量古今资料和最新研究成果，特别编撰了本套大型书系。主要包括独具特色的语言文字、浩如烟海的文化典籍、名扬世界的科技工艺、异彩纷呈的文学艺术、充满智慧的中国哲学、完备而深刻的伦理道德、古风古韵的建筑遗存、深具内涵的自然名胜、悠久传承的历史文明，还有各具特色又相互交融的地域文化和民族文化等，充分显示了中华民族的厚重文化底蕴和强大民族凝聚力，具有极强的系统性、广博性和规模性。

　　本套书系的特点是全景展现，纵横捭阖，内容采取讲故事的方式进行叙述，语言通俗，明白晓畅，图文并茂，形象直观，古风古韵，格调高雅，具有很强的可读性、欣赏性、知识性和延伸性，能够让广大读者全面接触和感受中国文化的丰富内涵，增强中华儿女民族自尊心和文化自豪感，并能很好继承和弘扬中国文化，创造未来中国特色的先进民族文化。

2014年4月18日

运筹帷幄——兵法韬略

出谋划策——实战经验

决胜之道——用兵之计

西周末期，周宣王连年征战，国力消耗得很厉害，社会矛盾加深。公元前771年，西周最终灭亡了。在东周时期，周天子的势力不断减弱，而各诸侯的势力却不断增强，动摇了周朝宗主国的地位。

在春秋战国时期，各诸侯国为了争夺地盘，扩充势力，征战不已，社会政治、军事、经济、文化各方面，都发生了重大变化。这个时候，军事家和兵法家及统兵将领，热衷总结战争经验，探讨战法与阵法的变化，研究兵法理论，并著书立说，兵法理论及思想因此有了重大发展。先秦兵法理论所取得的成就对后代兵法的进一步发展奠定了丰厚的基础。

运筹帷幄

兵法韬略

晋楚争霸产生最早兵书

　　西周晚期，周王室衰落，周天子失去了以往的权威，诸侯之间彼此兼并，争夺土地和人民，因此连年征战，一时之间，华夏大地硝烟四起，斗争此起彼伏，经久不息。与此相适应，兵学思想也有了重大

古代战争复原画面

■ 晋文公图霸中原
之战雕塑

发展。一些军事理论著作应运而生，其中最有代表性的兵学著作是《军志》和《军政》。

周襄王二十年，即公元前632年，晋、楚两国为争夺中原霸权，在城濮地区进行了一次你死我活的大决战。

晋军先后攻占楚国的盟国卫国的都城楚丘和曹国的国都陶丘，并俘虏了曹国国君曹共公。与楚盟军激战的同时，晋军又联合齐、秦两国与楚国及其他盟军相抗衡。

一战失利，楚国国君楚成王被迫率部分楚军从宋国国都商丘撤退到申，并令大将尹子玉放弃围宋，避免与晋军决战。尹子玉不听，独自率领部下向北进发与晋军决战。

晋、楚两军还没有接触，晋文公就下令晋军后撤

中原 指以河南为核心延及黄河中下游的广大地区，这一地区是中华文明的发源地，被古代华夏民族视为天下中心。古时，也常将这一地区称为"中国""中土""中州"等。

楚庄王出征塑像

楚庄王（？—前1591），又称荆庄王，出土的战国楚简文写作臧王。楚穆王之子。春秋时期楚国最有成就的君主。谥号"庄"。他在位期间，整顿内政，重用贤能，发展军力。在贤臣良将的辅佐下，楚庄王成为中原霸主，在历史上留下浓墨重彩的一笔。

九十里，这个做法履行了他当年流亡楚国时许下的"退避三舍"的诺言，又诱使楚军深入，使其陷入被动地位。

四月初一，晋、齐、秦、宋联军退至城濮附近区域，按上军在右、下军在左、中军居中的次序布阵。楚联军尾追而来，并分左、右、中三军，择地布阵。

第二日，决战开始。晋军先以下军一部兵力击溃楚联军中薄弱的陈、蔡两军，又以上军主将狐毛在车上竖起两面大旗，佯示主将后退；下军主将栾枝在阵后用车辆拖拽树枝扬起尘土，伪装晋军后退。

楚国大将尹子玉不知是计，下令全军追击，致使左军孤军突出，侧翼暴露。晋军趁机将楚军左军歼灭。尹子玉见势不妙，急忙指挥楚军撤军，晋军则乘胜追击。

尹子玉率领败残兵败将狼狈逃回楚地，不久，被迫自杀以谢楚国上下。晋楚城濮之战以晋国完胜和楚国的完败而告终。

《军志》中记载了这次战役，并总结了晋国之所以取胜而楚国之所以失败的原因，在总结原因的基础上，揭示了战争的规律，曰：

允当则归、知难而退、有德不可敌。

大意是说："军事行动要适可而止，要知难而退，有德的国家不可抗拒。"这里的"德"指的是政治，政治上处于优势的国家是不可战胜的。

《军志》把政治作为决定战争胜负的首要条件，是当时军事家的战略思维，是难能可贵的。

《军志》曰："先人有夺人之心"。意思是说："先发制人，可以瓦解敌人的意志。"这句话是在讲述公元前597年，晋、楚两国为再次争夺中原霸权，在"邲"这块地方展开了一次主力决战。

周定王十年，即公元前597年6月，楚庄王与令尹孙叔敖率大军攻打郑国。晋中军元帅荀林父率领晋军前去援救郑国，到了河水时，荀林父听到消息称郑国已经投降了楚国。

运筹帷幄

兵法韬略

■ 孙叔敖画像

■ 古代战争场景

中军 古代军队编制的称谓。古军制分上军、中军、下军，以中军为最尊，上军次之，下军又次之。上军为大部队探路；中军就是主力大部队。下军，负责粮草等辎重，并为大部队提供后卫。另外还有左军和右军，它们保护大部队的两翼，并策应大部队的行动。

荀林父觉得再去援救郑国已经没有什么意义了，于是他下令晋军停止前进，准备返回晋地。楚庄王认为晋军这个举动是十分不明智的，属于号令不遵，他马上命令楚将孙叔敖率楚军北上消灭这支晋军。

两军见面后，孙叔敖假装和晋军求和，等麻痹了晋军后，孙叔敖指挥楚军先发制人，向晋军猛冲过去。来势凶猛的楚军迫近时，晋主将荀林父惊惶失措，来不及预防，晋军全线溃退，最后，部分晋军渡河逃遁。楚军取得了这次战争的胜利。

类似讨论用兵之道的内容，《军志》中有很多，如："后人有待其衰。"意思是说："后发制人，要等待敌人士气的衰竭。"再看：

"止则为营，行则为阵。"意思是说：军队在夜晚停止行进时要扎营，行进时要随时能转换为战阵。再看："纷纷纭纭，斗乱而不可乱也，浑浑沌沌，形圆而不可败也。

　　大意是：战场上虽然旌旗纷纷，人马纭纭，但是统兵的将领却要把紊乱无序的部队，部署得井井有条。混混沌沌，迷迷蒙蒙，两军搅作一团，但胜利在我把握之中。

　　后来宋代的类书《太平御览·兵部四·将帅》引《军志》一段话：

> 将谋欲密，士众欲一，攻敌要疾，将谋密则奸心闭，士众一则群心结，攻敌疾则诈不及。设军有此三者，则计不夺。将谋泄则军无势，以外窥内则祸不制，财入营则众奸会，将有此三者，军必败也。

　　这段话将战争与军事行动有关的"三要"即保密、团结、速战速决等重大问题，论述得清晰透彻，

《太平御览》

宋代一部著名的类书，为北宋李昉、徐铉等学者奉敕编撰，编撰于977年3月，成书于983年10月。《太平御览》初名为《太平总类》。书成之后，宋太宗阅读后，又更名为《太平御览》。全书以天、地、人、事、物为序，分成五十五部，可谓包罗古今万象。书中共引用古书一千多种，保存了大量宋以前的文献资料，使本书显得弥足珍贵。

■ 古代战争场景

古将士涉水奔袭

兵家韬略

兵法谋略与文化内涵

李靖（571—649），字药师，雍州三原（今陕西三原县东北）人。隋末唐初将领，是唐朝文武兼备的著名军事家。后封卫国公，世称李卫公。李靖善于用兵，长于谋略，原为隋将，后效力李唐，为唐王朝的建立发展立下赫赫战功，南平萧铣、辅公祐，北灭东突厥，西破吐谷浑。去世后谥曰景武，陪葬昭陵。著有数种兵书，但多亡佚。

言简而意赅。

"将谋欲密"指的是统兵将帅要有极强的保密观念，在制订作战计划，进行军事部署时要严格保密，不可泄露军机。

做到这一点，就能将内奸和外来间谍的耳目闭塞。如果将帅的谋划泄露，则军队就会失去战斗力。倘若一方的间谍窥探了另一方的内情，就不可避免造成祸患。如果敌人用财物的贿赂成功，就会有内奸汇集，作战就会必然失败。

"士众欲一"指的是统兵将帅要采取各种举措，使部队上下团结一心，一致对敌，这样就能令行禁止，战无不胜，攻无不克，所向无敌。否则作战就必然失败。

"攻敌要疾"指的是统兵将帅在指挥部队作战时，军令要威严如山，行动要疾雷不及掩耳，这样就能使敌人主帅的奸计诡诈来不及实施，敌军的作战行动无法展开，否则作战就必然失败。

《军志》的精辟理论，影响深远，多数被后世的统兵将帅所吸纳，如公元621年，唐将李靖就以"攻敌欲疾"之策降伏了萧铣。

《军政》中也有这样的精辟之论，如"见可而进，知难而退。"又曰："强而避之。"大意是说："见到条件可以就进攻敌人，知道条件困难就退却。"又说："敌人强大就避开他。"

所谓"见可而进"，指的是统兵将领在指挥军队进行作战时，经过对敌我双方军事诸条件的分析对比后，能够得出我优敌劣或我强敌弱的结论，就可以果断地做出对敌发起进攻的决定，借以夺取战争的胜利。

"知难而退"和"强而避之"，是同一个含义的不同说法，指的是统兵将帅在指挥军队进行作战时，经过对敌我双方军事诸条件的分析对比后，得出了敌强我弱、敌众我寡或敌优我劣的结论，就要明智地做出"知难而退""强而避之"的决定。

古代战车示意图

《军志》和《军政》已脱出对战争和军事活动的简单记述，是对战争和其他军事活动经验的总结和概括，并在一定程度上揭示了战争和军事活动中的某些规律，反映了对战争与军事其他诸方面研究所获得的成果，已具有兵学研究的特点，并被《孙子兵法》等兵书及其他典籍所征引。

《军志》和《军政》的某些内容在《左传》《孙子兵法》以及《太平御览》、杜佑的《通典》等书中都有记载，这些记载证明了《军志》和《军政》的存在及其价值所在。它们为春秋战国时期兵书著述，即军事文化的第一次发展高潮奠定了基础。

兵法谋略与文化内涵

阅读链接

晋楚争霸，晋文公下令晋军"退避三舍"是有原因的。晋文公名叫重耳，是晋献公的一个儿子。晋献公欲立骊姬的儿子奚齐为太子，将原来的太子申生给杀了。重耳逃难到了楚国。

楚成王以国君之礼迎接重耳，待他如上宾。重耳也对楚成王十分尊敬。一天，楚王设宴招待重耳，两人饮酒叙话，气氛十分融洽。忽然楚王问重耳："你若有一天回晋国当上国君，该怎么报答我呢？"重耳略一思索说："要是托大王的福，我能够回到晋国，那我一定努力跟贵国交好，让咱们两国的百姓过上太平日子。但是万一两国发生战争，那么在两军相遇时，为了报答大王您，我一定退避三舍。如果还不能得到您的原谅，我再与您交战。"古时候行军，每三十里叫作一"舍"。退避三舍，就是退让九十里的意思。日后，晋楚两国发生了战争，晋文公践行了自己的诺言，退让楚军"三舍"之地。

兵圣孙武著《孙子兵法》

在西周周惠王统治时期，诸侯小国陈国发生了内乱，一时间兵戎相见，人人自危，人们纷纷逃离陈国。陈厉公的长公子陈完预感到大祸即将殃及自己，为了活命，他也匆忙逃离了陈国。

忙于逃命的陈完一时间不知道逃往哪里。他忽然想到了齐国。齐国濒临大海，物产丰富，更为重要的是实力强大。当政的齐国国君齐桓公在大臣管仲的辅佐下，进行了大刀阔斧的改革，取得了显著的成果，齐国一跃成为一个称雄于诸侯的大国。陈完决定逃往齐国避难。

陈完逃到齐国后，改姓田氏，成为管理手工业生产的"工

陈完画像

孙武画像

黄帝 古华夏部落联盟首领，我国远古时代华夏民族的共主，传说中的五帝之首，被尊为中华"人文初祖"。据说本姓公孙，后改姬姓。居轩辕之丘，号轩辕氏，建都于有熊，即河南新郑，亦称有熊氏。黄帝以统一华夏部落的伟绩载入史册，在位期间，播百谷草木，大力发展生产，始制衣冠，制音律，创医学等。

正"之职。经过几代之后，田完的五世孙田书已经成为齐景公王朝的大夫。

田书在一次战争中立了大功，齐景公十分高兴，就把乐安这块地方封给了他，作为他的采邑，并赐姓孙氏，田书也就成了孙书。

孙书有一个儿子叫孙凭，字起宗，在齐景公朝中为卿。大约公元前535年前后，孙凭的一个儿子出生了，新生命的降世对于这个正处于鼎盛时期的家族来说，无异于锦上添花。

这个新生命出生的当天晚上，同在朝中为官的孙书和孙凭父子俩都赶回家中。全家上下自主人到仆人都沉浸在无比喜悦的氛围之中。

孙书决定给孙儿取名为"武"。武的字形由"止""戈"2字组成，能止戈才是武。这是孙书对孙儿的极大祝愿。

孙书还给孙儿取了个字，叫"长卿"。"卿"为朝中的大官，与大夫同列。孙书为齐大夫，孙凭为齐卿。他们希望孙武将来也能像他们一样，在朝中为官，成为国家栋梁。

如他们所愿，孙武自幼聪慧睿智，机敏过人，且勤奋好学，善于思考，富有创见。更令他们欣喜的是，小孙武特别喜欢军事。每当孙书、孙凭自朝中回到家里，小孙武总缠着他们，让他们给他讲故事。他特别喜欢听打仗的故事，而且百听不厌。

渐渐地，在一旁侍候孙武的奴仆、家丁也都学会了讲故事。于是，当祖父和父亲不在家时，小孙武就缠着他们给他讲故事。

除了听故事，小孙武还有一个最大的爱好就是看书，尤其是喜欢看兵书。孙家收藏的兵书非常多，《黄帝兵书》《军志》《军政》《军礼》《管子兵法》及上自黄帝、夏、商、周，下到春秋早、中期有关战争的许多竹简，塞满了阁楼。

小孙武喜欢爬上阁楼，把写满字的竹简拿下来翻看。有不明白的问题就请教家聘的老师，甚至直接找祖父、父亲问个明白。

卿 古代官名，如三公九卿。汉以前有六卿，汉设九卿。北魏在正卿以下还有少卿。以后历代相沿，清末才废弃。其次为古代对人敬称，如称儒学大师荀子为"荀卿"。还有就是自唐代开始，君主称臣民的称号。

运筹帷幄

兵法韬略

■古籍《孙子兵法》书影

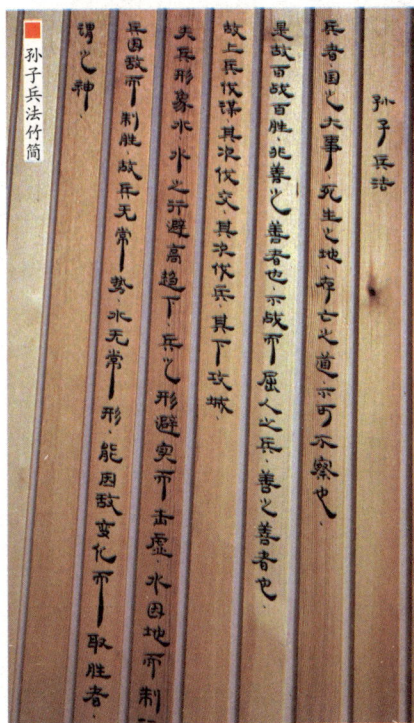

孙子兵法竹简

孙子兵法

有一次，孙武读到"国之大事，在祀与戎"，他不明白，就跑去问老师："先生，祀是什么？戎是什么？"

老师想今天孙武问的问题倒是简单，于是随口说："祀是祭祀，戎是兵戎。"

孙武接着问："祭祀是种精神的寄托，怎么能和兵戎相提并论为国家的大事呢？"

老师感觉有些奇异，一时答不出来。

孙武振振有词说道："只有兵才是国家的大事，而且是君臣不可不察的大事。"

孙武8岁时，被送进"庠序"接受系统的基础知识教育。在所有的课程中，孙武最感兴趣的是"六学"中的"射"和"御"。

受尚武精神的影响，齐国从国君到士兵，都以勇武为荣。"射"和"御"是齐人首练的武技，主要用于长距离的攻击，是军事活动的重要手段。

齐人向来以"射"术和"御"术的高低为荣辱，这已成为一种社会风尚。要想出将入相，为国家重用，首先必须练好这两门科目。

孙武对"射"和"御"作出了比其他学生多数倍的努力。他刻苦练习，甚至到了废寝忘食的地步。很快，孙武就成了掌握这两项技能的同辈中的佼佼者。

孙武没有满足，更没有就此止步，依旧是冬练三九，夏练三伏。

此时，孙武心中朦朦胧胧有一个理想，那就是长大后要像他的祖父孙书、叔父田穰苴一样，成为一名驰骋疆场的大将军。

在孙武勤练"射"和"御"期间，齐国内部矛盾突发，且愈演愈烈，四大家族相互之间争权夺利的斗争已经白热化了。孙武看在眼里，急在心里，为了不纠缠其中，他萌发了远奔他乡，另谋出路施展自己才华的想法。

他把目的地定在了地处南方的新兴国家吴国。他认为新兴的吴国是他施展才能和实现抱负的理想地方。大约在公元前517年，18岁的孙武携带妻子鲍氏、小儿子孙明和仆人们，从山东逃奔到了吴国。

进入吴国境内后，孙武在吴都姑苏郊外结识了从楚国潜逃来的楚国名士伍子胥。二人一见如故，结为密友。孙武在姑苏西南的穹窿山隐居下来。

孙武和家人住在穹窿山，过着自耕自作的隐居生活。山坞中平畴田陌可供耕作，宜于农桑，适于饲养禽畜，种植菜蔬。

虽说这里浓荫蔽日，溪泉潺潺，却并不显得潮湿，高地茅舍，僻静幽深，交通都非常便利。孙武除了帮助家人从事耕作，干点农活，几乎把全部的精力都投入到兵法研究上。

■春秋时期城墙遗址

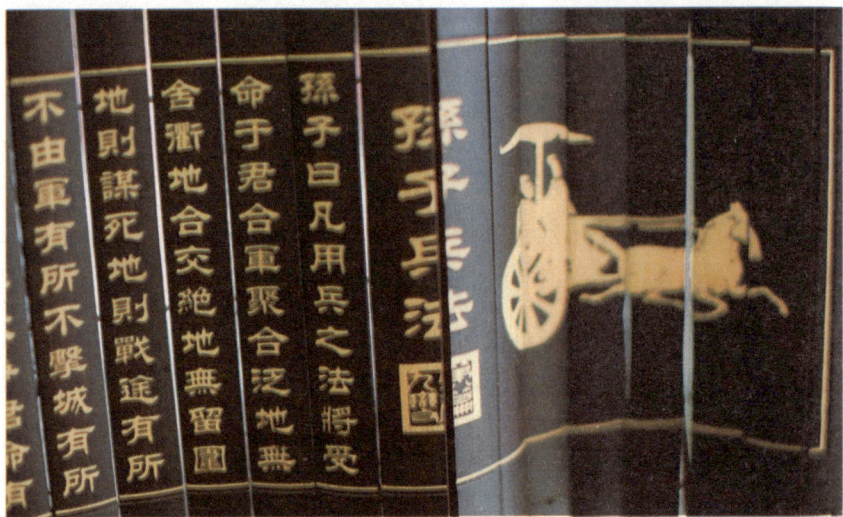

《孙子兵法》

伍子胥（前559—前484），春秋末期吴国大夫、军事家，名员，字子胥，原是楚国椒邑人。伍子胥的父亲伍奢为楚平王子建的太傅，因受奸臣费无忌谗害，和其长子伍尚一同被楚平王杀害。伍子胥从楚国逃到吴国，成为吴王阖闾重臣。

孙武离开齐国时，把自己喜爱的古兵书和自己撰写的兵法十三篇，全部带到了吴国。辗转了好几个月，现在终于可以静下心来，认真阅读和研究了。他不停翻阅着这些古兵书，对自己撰写的兵法十三篇一遍又一遍地进行修改。

孙武还花费大量时间，对穹窿山及其周围的太湖、其他山脉等环境进行了实地勘查，掌握了翔实的地理资料。

孙武将掌握、了解来的吴国的一些具体情况，比如吴国和楚国的关系等，充实进兵法十三篇中去，使兵法十三篇更符合吴国国情，更适合吴王及其大臣的取向。孙武坚信，吴国就是他建功立业的地方，就是他实现全部理想的地方。

孙武新结识的密友伍子胥和吴国公子光是好朋友。在光成为吴王阖闾后，伍子胥向他推荐了正在隐居的孙武。伍子胥称赞孙武是个文能安邦，武能定国的旷世奇才。阖闾开始不信，伍子胥不厌其烦，反复推荐孙武，一个早上就推荐了7次，阖闾终于答应接见孙武。

孙武见实现自己远大抱负的机会来了，就带着修改完成的《孙子兵法》十三篇去见吴王阖闾。见面后，阖闾说："今日请先生进宫，是想借此机会探讨一下兵法，先生身边的几位将军，是我朝的几员老将，他们都身经百战，有着丰富的作战经验。先生来自齐国，我们想听听吴国外的用兵之法。"

孙武环顾四周，看眼前阵势，知道吴王要来考验自己。吴王对一位老者说："你作战经验丰富，你讲讲如果深入敌国作战，要遵循什么原则呢？"

老者慢条斯理地说道："在我看来，率军深入敌国，振奋士气、统一军心是极为重要的，要注意修养士兵，安抚好他们的家属，使他们没有后顾之忧，安心训练。千万不可率疲惫之师与敌军战斗，士兵只有积蓄起足够的力量才能斗志昂扬。"

然后，吴王又问孙武："先生又有什么高见呢？"

孙武说："我想，士兵遭遇无路可走的境地也可以激起他们作战的勇气，当士兵走投无路，陷入绝境的时候，就什

■ 伍子胥画像

■ 古战场复原图

竹简 战国至魏晋时代的书写材料。是削制成的狭长竹片、木片，竹片称"简"，木片称"札"或"牍"，统称为"简"，现在一般说竹简。均用毛笔墨书。由于其材料的局限，难以广泛传播，这极大地限制了文化和思想的传播，这一切直至纸张出现后才得以改变。

么都不怕了。如果只有死路一条，拼出生命作战或许还有一线生还的希望，这样的军队往往能展示出意想不到的战斗力。

"还有平日里整顿军队是十分必要的，军队里要严格禁止谣言、迷信的传播，以稳定军心。"孙武滔滔不绝，析理透彻，说得众人不住点头。大谈一番后，孙武献上了写着《孙子兵法》的竹简。

阖闾粗略一看，便频频点头称赞。由于时间已经太晚了，阖闾只得带回宫去仔细观看。阖闾仔细读过后，十分惊喜，感觉孙武将兵战论述得真是太透彻了。可以说字字珠玑，篇篇华章，真言警句，比比皆是。仅仅五千余言的一部兵书，深刻阐明了兵战的利害关系、战争规律、将帅素质和胜战要求。

孙武在兵法十三篇中自比商朝开国大臣伊尹和周朝开国大臣姜太公，体现了他的远大理想、宏伟抱负和辅佐吴王创建千秋伟业的愿望。

阖闾对孙武的军事之才大为叹服。他任命孙武为吴国将军，统领吴国军队。从此，孙武的军事生涯开始了。

《孙子兵法》是一部内容完备、结构严谨的兵法谋略专著。在书中，孙武把与战争有关的军事问题，分为十三篇加以论述。各篇既能独立成章，相互之间又有密切的联系，上下承启，前后衔接，浑然一体。

《孙子兵法》十三篇，分别为：计篇、作战篇、谋攻篇、形篇、势篇、虚实篇、军争篇、九变篇、行军篇、地形篇、九地篇、火攻篇、用间篇。

计篇讲的是庙算，即出兵前在庙堂上比较敌我的各种条件，估算战事胜负的可能性，并制订作战计划。这是全书的纲领。

作战篇主要是讲庙算后的战争动员。谋攻篇是讲

姜太公 （前1156—前1017），名尚，一名望，字子牙，或称吕尚。商末周初著名政治家、军事家和谋略家。姜子牙曾帮助周武王讨伐商朝末代君主纣王，成为周朝建立的大功臣。姜子牙被认为是齐国的缔造者，齐文化的创始人，历代典籍都公认他的历史地位，儒、道、法、兵家皆道他为本家人物，被尊为"百家宗师"。

运筹帷幄

兵法韬略

■ 两军交战场景

以智谋攻城，即不专用武力，而是采用各种手段使守敌投降。军形篇和兵势篇是讲决定战争胜负的两种基本因素："形"和"势"。

虚实篇讲的是如何通过分散集结、包围迂回，造成预定会战地点上的我强敌劣，最后以多胜少。军争篇讲的是如何"以迂为直""以患为利"，夺取会战的先机。

《孙子兵法》是孙武在总结商、周、春秋时代战争经验的基础上，融入个人对战争的精心研究所获得的成果。其实用性和指导性非常强，其中针对各种各样的情况，都有专门论述，其准备、应对之法简洁有效，具有针对性，被广为援用。

《孙子兵法》军事思想科学、丰富，战略战术变化无穷，集"韬略""诡道"之大成，是兵家的谋略宝库，被尊为"谈兵之祖""兵经"和"兵学圣典"。其博大精深的军事内涵和逻辑缜密严谨的论证对后世军事理论的创作起到了启蒙和借鉴的作用。

兵法谋略与文化内涵

阅读链接

相传孙武去见吴王阖闾，吴王问他能不能训练女兵，孙武说："可以。"于是吴王拨了一百多位宫女给他。孙武把宫女编成两队，用吴王最宠爱的两个妃子为队长，然后把一些军事的基本动作教给她们，并告诫她们还要遵守军令，不可违背。不料孙武开始发令时，宫女们觉得好玩，都一个个笑了起来。

孙武以为自己话没说清楚，便重复一遍，等第二次再发令，宫女们还是只顾嬉笑。这次孙武生气了，便下令把队长拖去惩罚，理由是队长领导无方。吴王听说要惩罚他的爱妃，急忙向他求情，但是孙武说："君王既然已经把她们交给我来训练，我就必须依照军队的规定来管理她们，任何人违犯了军令都该接受处分，这是没有例外的。"结果还是惩罚了她们。宫女们见他说到做到，都吓得脸色发白。第三次发令，没有一个人敢再开玩笑了。

融兵家大智慧的《司马法》

经过长达十几年的争斗，齐国的内乱终于暂时告一段落，齐国国君齐景公执政齐国，他梦想着能光复老祖宗齐桓公的霸业。基于这样的伟大梦想，他积极纳谏，关心臣民。

■ 齐景公问政图

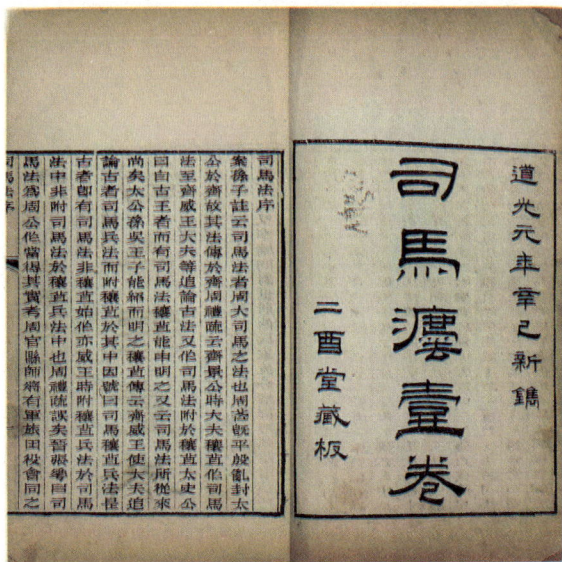

《司马法》书影

齐国的国势渐渐从内乱中恢复过来。看着日益强大的齐国，齐景公非常兴奋，一时间变得忘乎所以起来，他一改节俭的生活作风，追求起奢华的享受来了。为了满足自己奢侈的生活，齐景公横征暴敛，肆意搜刮民财，并以残酷的手段惩治敢于反抗自己的百姓，很快，齐国的国力又衰落下去了。

齐景公倒行逆施的行为被与齐国有宿怨的晋国知道了，机不可失，时不再来，晋国国君派出军队从四面进攻齐国的阿城和甄城，觊觎已久的燕国也想从中分得一杯羹，也派军队从北面侵入齐国黄河南岸一带。

没有准备的齐军仓促应战，很快被来势凶猛的晋军和燕军打得大败。齐军溃不成军，退向齐国腹地。

消息传来，齐景公急得如同热锅上的蚂蚁，他紧忙召见相国晏婴商讨迎敌之策。晏婴向齐景公献计道："大王，为今之计，只有请田穰苴统兵御敌。他虽然是田氏的远族后代，但有经天纬地之才，文能安邦，武能定国。"

齐景公见晏婴说得如此邪乎，就下令召见了穰

燕国 西周的一个诸侯国。姬姓。开国君主是燕召公奭。辖区在今北京、河北北部、辽宁西部一带。文化较齐国、晋国等中原大国落后。凭借齐国的军事帮助才得以保全，并进而在日后有所发展，成为战国七雄之一。公元前222年，被秦国所灭。

苴。一见面，齐景公没有废话，直接让穰苴谈谈有关治军、用兵的方略和法则。穰苴也没有客气，将自己的见解和盘托出，见解精到，齐景公见穰苴果然如相国晏婴所说的有大将之才，至少在军事理论上有着非同一般的见解。

齐景公马上任命穰苴为大将军，统领齐军抗击入侵的晋军和燕军。穰苴却没有马上接受这个任命，对齐景公说：

"我出身卑微，大王从下层把我提拔到将军的位置上来，位列大夫之上，士兵和其他同僚未必都能服从我，百姓也未必信任我，我人微而言轻啊，希望大王派一位您所宠爱的，而且国人也都尊重的大臣，前来监军才行。"

齐景公同意了穰苴这个请求，他派自己的亲信大夫庄贾去担任监军。穰苴对庄贾说："明天我要点兵出发，请监军中午准时到军营门口会合。"说完，辞别景公走了。

第二天，穰苴按照约定的时间提前来到军营，他

晏婴 字仲，谥平，又称晏子，山东高密人。春秋后期一位重要的政治家、思想家、外交家，是齐国上大夫晏弱之子。以生活节俭，谦恭下士著称。晏弱病死，晏婴继任为齐国上大夫。

■ 齐国故城复原图

春秋青铜箭镞

滴漏 古代一种记录时间的装置。以一容器蓄水，下设一孔，令水滴下，以漏滴三下为一秒，以漏滴每六十秒共一百八十次为一分，每六十分共一万零八百次为一时，每二时位滴漏二万一千六百次为一个时辰，这样能准确地以分秒计算秒、分、时、辰。

叫军士在营门口立起标杆，测量太阳的影子，布置好滴漏，记录时辰，等待庄贾。

庄贾是齐景公的宠爱之臣，一贯骄横自大，现在又因被大王宠信充任监军，自然更增添了骄横之色，也没有把昨天穰苴让他中午准时到军营会合的事放在心里。

到了正午，明晃晃的太阳格外耀眼。军营的广场上军旗飘扬，几个方阵的士兵排列整齐，整装待发。穰苴见庄贾还没有到军营，就命令军士放倒木表，放尽滴漏里的水，进入军营调度部署军队，并申明军纪法令。

庄贾府里，众人酒喝得正酣。庄贾满脸通红地招呼着他的那些朋友，有人好心告诉庄贾说正午已过。庄贾听了，不屑一顾，并嘲讽说："小平头当将军，总把鸡毛当令箭，时间就那么重要吗？时间到了又怎么样？"

穰苴操练布置完毕时，已到黄昏。这时，庄贾才来到军营。

穰苴问："为什么迟到？"庄贾没当回事地说："亲戚朋友设宴欢送我，所以耽误了时间。"

穰苴马上说："将帅受领命令时就该忘记家庭，将身心完全放在军队，受军队的约束。到了军营中，就要忘掉亲戚朋友。击鼓进战时，就要把自己的生命置之度外。现在敌军已经入侵，百姓惊恐不安，士兵在边境奋战，遭受伤亡，国君睡不好觉，吃不好饭，百姓的身家性命，全都寄托在您的身上，怎么能因为有人送行而迟到呢？"

穰苴向执法的军正问道："我军的军法对迟到者的处分是怎么规定的？"军正老老实实地回答道："应当斩首。"

庄贾害怕了，他急忙派人飞马急报齐景公，请齐景公救他。他派去的人还没回来，穰苴已经命令侍卫将庄贾推出去在众军面前斩首了。消息一传出，全军将士都感到十分惊愕。

过了一会儿，齐景公的使臣拿着符节，驱车直闯军营，要穰苴赦免庄贾。穰苴高声问执法军正："在军营里驾车横冲直撞，应当如何处置？"军正回答说："当斩。"

使臣面色大变，跪地求饶。穰苴说："君王的使臣不能擅自斩首，但军纪必须严明。"他命令将使臣的车拆了，把马砍了，让使臣将情况报告给景公。然后，穰苴命令军队

符节 古代朝廷传达命令、征调兵将以及用于各项事务的一种凭证。通常用金、铜、玉、角、竹、木、铅等不同原料制成。用时双方各执一半，合之以验真假，如兵符、虎符等。由于历代符节种类比较繁多，上面的铭文反映出了当时政治、军事制度，所以是一宗重要的历史文物。

025

运筹帷幄
兵法韬略

■ 春秋青铜短剑

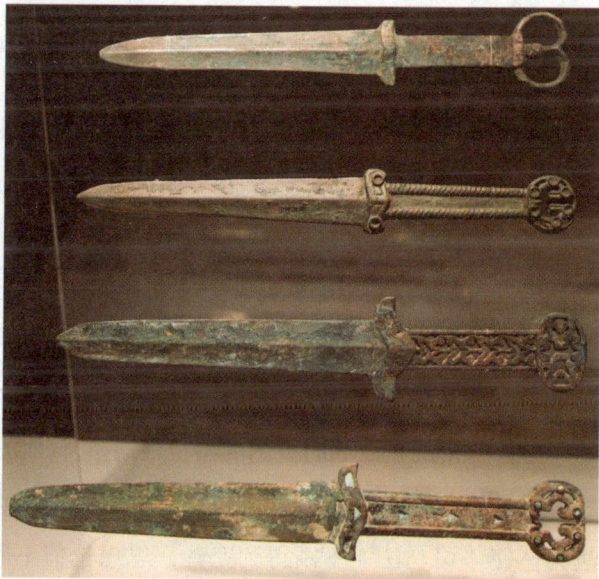

春秋时期兵器青铜矛

出征，开往前线。

受到穰苴严明军纪鼓励的齐军齐声高呼保卫齐国，高呼声直冲云霄，他们相信，有这样明辨是非的统帅指挥他们作战，会无往不胜。于是，军队浩浩荡荡开往前线。在行军路上，穰苴对将士关怀备至，很多细小的问题，都亲自察看和过问。很快，齐军来到了齐晋两军交战之地。穰苴整顿好军队后，下令出击。

齐军个个奋勇当先，连伤病员都请求上阵。晋军看到如狼似虎，不顾一切往前冲的齐军，急忙撤军。燕军听到这个消息后，也急忙北渡黄河撤军回国。穰苴指挥齐军，乘胜追击，收复了失去的国土。

班师途中，喜不自胜的齐景公率领文武百官来到郊外迎接。不久，齐景公尊奉穰苴为大司马，掌管齐国军队，位列大夫之上。田穰苴也因此叫司马穰苴。

有人得意，就有人失意，穰苴的飞黄腾达引来了齐国大夫鲍氏、高子、国子等人的嫉妒，他们在齐景公面前大献谗言。不久，齐景公罢了穰苴的官。

穰苴离职后，闷闷不乐，把心思全放在了撰写兵书上，他精研前人的《司马法》，《司马法》是前人的智慧结晶，《史记》记载："《司马法》所以来尚矣，太公、孙、吴、王子能绍而明之。"这里的"太公"指的是西周时齐国的始祖吕尚。

司马穰苴将自己的军事经验和军事思想毫无保留地融入进《司马法》，使《司马法》不断得到完善，思想价值不断升高，在其军事思想体系大致完成后后，穰苴病发而亡。

齐威王执政齐国时，命令大夫将穰苴融入自己思想的兵书《司马法》整理出来，并将穰苴名字附于其中。此外，齐国大夫们还根据战国时期战争的特点，将其经验总结出来，并将其也整合到这部兵书里。

经过众人的齐心努力，经过增补的《司马法》被整理、编撰出来，由于其中融入了很多穰苴宝贵的军事思想，因此《司马法》也被称为《司马穰苴兵法》。

齐威王依据《司马穰苴兵法》将齐国治理得井井有条，使齐国国力大盛，兵力强悍，成为战国群雄的盟主，威震天下。

《司马法》在讲论古代军政事务和战略战术原则中，教导人从实际出发，从客观存在的天、地等自然条件和人力、物力等物质条件出发来考虑问题。它提出了一系列对立统一的法则，如大小、多少、强弱、虚实、攻守、疏密、动静等，要求人们从发展变化中看问题。

《司马法》篇章亡佚很多，最初有一百五十五篇，后减至数十篇，后来，更减至五篇。分为《仁本》篇、《天子之义》篇、《定爵》篇、《严位》篇、《用众》篇。

《仁本》篇主要论述以仁为本的战争观。它把战争

吕尚 姓姜，名尚，字子牙，又称姜太公，商周之际杰出的政治家、军事家，是西周文、武、成王三代的主要政治、军事宰辅，也是春秋战国时诸侯国齐国的开国始祖。姜太公的先祖曾封于吕，故以吕为氏，又称"吕尚"。姜太公的政治思想和军事谋略，对我国古代政治文化和军事文化的形成和发展产生过巨大的影响。

■ 春秋时期兵器青铜戈

古代士兵演练图

鼓 我国一种传统的打击乐器，在很早以前，我国就已有"土鼓"，即陶土做成的鼓。由于鼓有良好的共鸣作用，声音激越雄壮而传声很远，所以很早就被作为军队上阵助威之用。古代有各种用途的鼓，如祭祀用的雷鼓、灵鼓，用于乐队的晋鼓等。

看成是政治的组成部分，是通过政治手段达不到目的时而采取的另一种权衡手段，所以它的战争观是"以仁为本，以义治之"。

从仁本观念出发，本篇提出："国虽大，好战必亡；天下虽安，忘战必危"的著名论断。表现了作者既反对战争，又不忘战争准备的进步态度。

本篇保存着一些古代的战术原则，如："逐奔不过百步""纵绥不过三舍""不穷不能而哀怜伤病""成列而鼓""争义不争利"等。

这些原则反映出西周及其以前的时代，交战双方采用大方阵作战，队形呆板笨重，转动不灵，只需一次攻击，胜负即已分清的战争情形。

《天子之义》篇综论军事教育的各种法则。在治军原则上，《司马法》既反对治军过于严厉，又反对治军没有威严。主张恰当地使用民力、畜力、任用官吏和有技能的人。

本篇还指出，将士在朝廷和在军队要表现出不同的气度。在朝廷要温文尔雅，谦虚谨慎；在军中则要勇猛果决，体现出礼与法、文与武相辅相成的精神。

《定爵》篇统论为进行战争而作的政治、思想、物资、军事和利用自然条件等各种准备以及阵法运用的原则等。

如，战争准备要确定军中的爵位，制定赏罚措施，颁布治军原则与教令，征求各方意见，根据人心动向制定作战方略。

提出了"军中七政"：人才、法纪、宣传、技巧、火攻、水战、兵器，要努力处理好这些关系，充分发挥它们的作用。此外，荣誉、利禄、耻辱、刑罚是军中的四种法纪，要将士严格遵守。

《严位》篇主要论述了阵法的构成及如何利用各种阵式作战。该篇提出对军阵作战的总要求：士卒在阵中的位置不可变更；阵中军规要森严，整体力量要轻锐敏捷，士气要深静，意志要统一。

《用众》篇主要论述临阵待敌、用众用寡、避实击虚的战略、策

古代将军惩罚犯人场景

略原则等。如用众、用寡的策略原则：用众要求部队严整不乱，适于正规作战，适于进攻，适于包围敌人或者分批轮番攻击；用寡要求阵营巩固，适于能进能退，适于虚张声势迷惑敌人，适于出奇制胜。

《司马法》融入了众多军事理论家的智慧，具有重要的理论价值和史料价值，它的许多关于军赋、军法等军制资料受到人们的重视，它所阐述的以法治军的思想和具体的军法内容，为其后各时期制定军队法令、条例提供了依据。它的许多关于战争的精彩论述富含辩证思想和哲理，对军事训练、战争均具有指导意义。

《司马法》成为后世培养和选拔军事人才的军事教科书，它出现了众多的注释本，并流传到国外，受到军事理论家和统帅将士们的普遍欢迎。

兵家韬略

兵法谋略与文化内涵

阅读链接

俗话说：不怕没好事，就怕没好人。一天，齐景公在宫中饮酒取乐，一直喝到晚上，意犹未尽，便带着随从来到相国晏婴的宅第，要与晏婴夜饮一番，没想到却被晏婴规劝拒绝了。

齐景公又来到田穰苴的家中。田穰苴知道景公来意后，说："陪国君饮酒享乐，君王身边本就有这样的人，这不是大臣的职份，臣不敢从命。"齐景公于是去了大夫梁丘的家里喝酒。第二天，晏婴与田穰苴都上朝进谏，劝齐景公不应该深夜到臣子家饮酒。齐景公很是恼怒。鲍氏、高氏、国氏等奸臣趁机纷纷向齐景公进谗言，他们要求齐景公免去穰苴的职务。昏庸的齐景公听信谗言，将田穰苴的官职免去了。

托姜尚之名而撰《六韬》

　　在舜执掌天下的时候，他手下有个姜姓首领有功于社稷，有功于百姓，舜就将吕这块地方赏赐给他，故称之为吕氏。

　　吕氏家族一度十分兴旺，后来家道中落，到商周之际，吕氏家族传到了吕尚即姜尚时已沦为贫民。为维持生计，姜尚年轻时曾在商都朝歌宰牛卖肉，后来，又到孟津从事卖酒生意。

　　姜尚虽然贫寒，但人穷志坚，他胸怀大志，有着远大的抱负。他勤苦学习，始终不倦地研究、探讨治国兴邦之道，以期有朝一日能够大展宏图，为国效力。这一天，还真让他等到了。

　　当时，殷商国君纣王暴虐

■ 周文王姬昌像

无道，荒淫无度，朝政腐败，社会黑暗，经济崩溃，民不聊生，百姓怨声载道。而西部的周国由于西伯姬昌倡行仁政，发展经济，实行勤俭立国和裕民政策，因此人心安定，国势日强。

得道多助，失道寡助，周国的仁政吸引了天下的百姓慢慢都聚往西部，四边诸侯也望风依附。一直寻找机会的姜尚获悉姬昌为了治国兴邦，正在广求天下贤能之士，便毅然离开商朝，来到渭水之滨的西周领地，栖身于磻溪，终日以垂钓为事，以静观世态的变化，待机出山。

这一天，姜尚在磻溪垂钓时，恰遇到此游猎的西伯姬昌，二人不期而遇，一个是寻觅良主的不世之材，一个是希望材为我所用的不世之主。二人谈得十分投机。姬昌见姜尚学识渊博，通晓历史和时势，便向他请教治国兴邦的良策。

姜尚当即提出了"三常"之说：

一曰君以举贤为常，二曰官以任贤为常，三曰士以敬贤为常。

核心意思是，要想治国兴邦，必须以贤为本，重视发掘、使用人才。姬昌听后十分高兴，说道："我先君太公预言：'当有圣人至周，周才得以兴盛。'您就是那位圣人吧?我太公望先生久矣!"于是，姬昌亲自把姜尚扶上车辇，一起回宫，拜为太师，称"太公望"。从此，姜尚这位贤能之士有了用武之地。

西伯姬昌大力招贤纳士被商纣王知道后，他怀疑西伯姬昌意欲图谋不轨，夺取他的天下。他下令召姬昌进宫，将他拘捕在都城的监狱里。姜尚和散宜生等姬昌手下的谋臣给纣王送去了绝色美女和奇珍异宝。

好色并且贪财的纣王见色欣喜，下令将姬昌从监狱放出。文王归国后，与姜尚暗地里谋划如何讨伐无道的纣王，倾覆商朝政权。姜尚积极制订出许多攻打商纣王的方案。

姜尚建议西伯姬昌一方面在国内发展生产，打下灭商的经济基础。另一方面，对外表面上顺从殷商的管理，以麻痹纣王，暗中实行争取邻国、逐步拉拢、瓦解殷商王朝的盟邦，剪除羽翼，削弱和孤立殷商王朝的势力。

文王访贤

牧野之战

■ 牧野之战

周武王（约前1087—前1043），姬姓，名发，周文王次子，西周王朝开国君主。在位期间，于公元前11世纪消灭商朝，夺取全国政权，建立了西周王朝。表现出卓越的军事、政治才能，成为了中国历史上的一代明君。死后谥号"武"，史称周武王。

在姜尚的积极谋划下，归附西伯姬昌的诸侯国和部落越来越多，逐步占领了大部分殷商王朝的属地，最后出现了"天下三分，其二归周"的局面，为最后消灭纣王，取代殷商，创造了条件。

西伯姬昌死后，武王姬发继位，他拜姜尚为国师，尊称师尚父。姜尚继续辅佐周朝朝政。周朝逐渐羽翼丰满，国势日隆。

约公元前1059年，周武王决定检验自己的威望和号召力，试探振臂一呼，是否有四方响应的效果。于是周军在姜尚统率下，浩浩荡荡开到孟津，周武王在孟津举行"孟津之誓"，发表了声讨殷纣王的檄文。

令武王欣喜的是，声讨檄文一发表，八百诸侯热烈响应，纷纷派兵会诸此地，显示了武王的声威。当时许多诸侯都说，商纣王可以讨伐了，但是武王和姜尚则认为，时机尚不成熟，殷商王朝的统治虽已陷入内外交困、岌岌可危的境地，但其内部尚无明显的土崩瓦解之状，如果兴师伐纣，必然会遭到顽强抵抗。于是，决定班师而回。

殷商王朝日益腐败，纣王日夜欢歌不休，商朝百姓苦不堪言，他们纷纷逃离商朝，武王和姜尚见讨伐商纣的时机终于到来，遂组成以姜尚为统帅的讨伐商纣的各路兵马。

公元前1046年左右，讨伐大军在进军到距商朝都城朝歌七十里的牧野举行誓师大会，历数商纣王的许多罪状，指挥军队准备和商纣王决战。商纣王停止歌舞宴乐，和大臣们商议对策。

这时，纣王的军队主力还在其他地区，一时也调不回来，只好将大批的奴隶和俘虏来的东南夷武装起来，凑了17万人开向牧野。可是这些纣王的军队刚与周军相遇时，就掉转矛头引导周军杀向纣王。结果，

牧野 古地名，其地在今河南新乡北部，牧野之称是相对殷都朝歌而言。朝歌城周边地区，分别称作城、郭、郊、牧、野。著名的牧野之战宣告了商王朝的灭亡和周朝的建立。

国师 我国历代封建帝王对于佛教徒中一些学德兼备的高僧所给予的称号。我国高僧获得国师称号的，一般以北齐时代法常为始。亦是对一些德才兼备受人尊敬的人的称呼。

运筹帷幄

兵法韬略

■ 姜尚蜡像

東征平叛

纣王大败，连夜逃回朝歌，眼见大势已去，只好登上鹿台放火自焚。周武王完全占领商都以后，便宣告了商朝的灭亡。

周朝建国之后，姜尚因灭商有功，被封于齐，都城建立在营丘。姜尚在齐国政局稳定后，开始政治制度改革。他顺应当地的习俗，简便周朝的繁文缛节。大力发展商业。让百姓享受渔盐之利。于是天下人来齐国的很多，齐国成为当时的富国之一。

姜尚有着丰富的兵学思想和实战经验，对后世有着巨大的影响。在战国末期，有人托姜尚之名编撰了兵书《六韬》，基本上反映了姜尚的军事实践活动和他的韬略思想。

司马迁在《史记·齐太公世家》中指出："后世之言兵及周之阴权皆宗太公为本谋。"意思是，后世谈论兵法谋略都源自姜尚这里，由此可以看出，姜尚为我国谋略家的开山鼻祖。

《六韬》又称《太公六韬》《太公兵法》，全书以太公与文王、武王对话的方式编成。全书有六卷，共六十篇，内容十分广泛，其中最精彩的部分是它的战略论和战术论。

《六韬》分为《文韬》《武韬》《龙韬》《虎韬》《豹韬》《六韬》六卷，故称之为《六韬》。其中《文韬》12篇，主要讲述了要想取天下，必须收揽人心，收揽人心，在于爱民，施行"仁政"等内容。

《武韬》5篇，讲述了用武力和非武力手段取得国家政权的韬略，强调了破坏敌方施展的谋略为上，而后才动用武力征伐敌国。

《龙韬》3篇，主要论述了军队的统御和指挥问题，包括统帅部的组织机构、选将立帅的标准、通讯、出兵作战的原则、预报敌情、如何预见胜负及耕战结合等问题。

《虎韬》12篇，主要论述了兵器、辅助器材及各种战术问题。

《豹韬》8篇，主要论述了在各种地形上的作战方法，以及在特殊情况下的处置办法。

《六韬》10篇，主要论述了军队的教练、士兵的挑选以及各兵种的作战特点和协同作战的韬略。

《六韬》继承了以往兵家的优秀思想，又兼采诸子之长，所以思想内容很丰富，涉及战争观、军队建设、战略战术等有关军事的许多方面，其中又以战略和战术的论述最为精彩，另外，它的权谋家思想也很突出。

它从政治克敌的高度，阐述了不战而胜的思

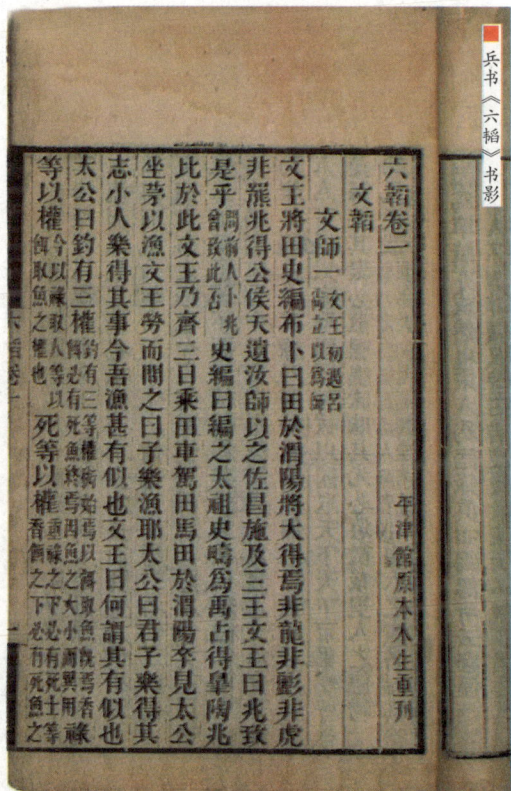
兵书《六韬》书影

想，它强调争取人心；主张政治攻心，瓦解敌人，还主张文武并重，谋略为先。它继承了《孙子兵法》的战争观和"不战而屈人之兵"的"全胜"思想，提出了"上战无与战"的主张，要求战争指导者能够掌握兵不血刃而能获得全胜的战争指导艺术。

在治军方面，《六韬》继承和发展了《孙子兵法》和《吴子》的基本思想，主张任用勇、智、仁、信、忠兼备的将帅，统领军纪严明、号令一致、训练有素的军队。

《六韬》受到后世兵家的重视，很多军事家、政治家和统军人物都非常看重它，都精心研读过它。《六韬》在国外也颇受重视。

《六韬》曾被译成西夏文，在少数民族中流传。它不仅文武齐备，在政治和军事理论方面往往发前人所未发，而且保存了丰富的古代军事史料，如编制、兵器和通讯方式等，具有重要的理论价值和史料价值。

兵法谋略与文化内涵

阅读链接

姜尚是个有心人，他打听到周文王西伯姬昌正在广招贤人能士，又打听到周文王打猎必定要经过一个叫渭水的地方。姜尚事先来到渭水边，以直钩垂钓。一连多天，姜尚都这样在渭水边垂钓，静候周文王这个大鱼上钩。机会终于来了。

这天，周文王外出打猎，看见在渭水的支流磻溪边上有一位钓鱼的老人。老人须发斑白，看去有七八十岁了。奇怪的是他一边钓鱼，一边嘴里不断地唠叨："快上钩啊上钩！愿意上钩的快来上钩！"再一看，老人钓鱼的鱼钩离水面有三尺高，并且是直的，不是弯的，上面也没有钓饵。文王看了很纳闷，就过去和老人攀谈起来。攀谈的结果让他大喜过望，他发现自己找到了自己一直想寻找的文武双全的治世之才，遂恳请姜尚出山帮助他建功立业，姜尚自然满口答应。

吴起强魏扶楚而著《吴子》

春秋末期，各诸侯国之间矛盾重重，战争一触即发，进入战国初期，周王室更是被彻底抛在了一边，周天子已经是无足轻重的人物。诸侯国之间剩下的似乎只有弱肉强食了。

卫国地处黄河下游的一块丰沃的平原上，东临鲁国，西接楚国，国内河流纵横，是个富裕的诸侯小国。大约公元前440年，一件喜事降临到卫国左氏一个富有的商人家庭，就是这商人的妻子产下一个男婴。男婴被取名吴起。吴起的父母对这个小家伙的到来异常欢喜。

小吴起自幼天资聪慧，

吴起画像

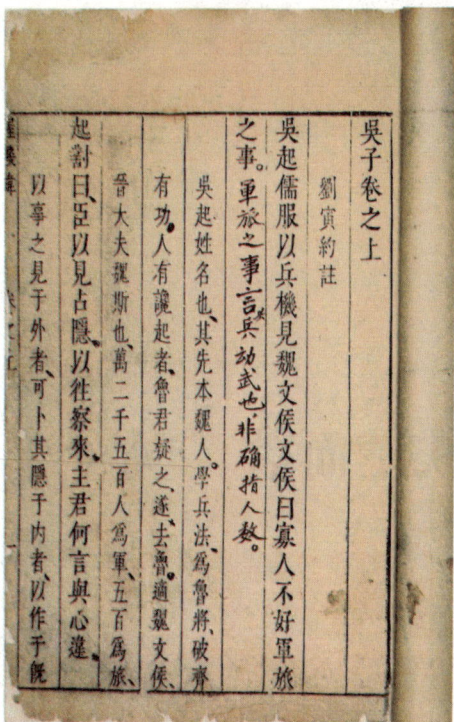

《吴子》书影

吴子卷之上

刘寅约注

吴起儒服以兵機見魏文侯文侯曰寡人不好軍旅之事。軍旅之事言兵劫武也非确指人數。

吴起姓名也其先本衛人學兵法爲魯將破齊。

有功人有謗起者魯君疑之遂去魯適魏文侯。

晉大夫𡮭斯也萬二千五百人爲軍五百爲旅、

起對曰臣以見古隱以往察來主君何言與謀以事之見于外者可卜其隱于內者以作于𠋫

勤敏好学，他特别喜欢舞枪弄棒，并且对描写战争的书籍有着异乎寻常的爱好。父母对小吴起也刻意栽培，他们找来最好的老师教小吴起读书。

然而天有不测风云，人有旦夕祸福，小吴起的舒服日子还没过够，父亲就离世了。家庭的重担一下子压到了小吴起的母亲身上。这个出身于书香门第的女性毅然担起了教育小吴起的全部责任。

小吴起在母亲的谆谆教导下很快成长起来，青年时期的吴起志向远大，他发誓要出人头地，做出一番事业。

在卫国，吴起没有受到重用。为了取得功名，吴起决定离开卫国。临走前，吴起对教育他成人的母亲信誓旦旦地说："我这次出去如果不能当大官，当不了卿相，这辈子都不会回来了。"

离家出走的吴起去了邻国鲁国。当时学儒学的人很多，儒学为显学，很多名士和当官的人都是儒士。吴起认为学习儒学可以尽快出人头地，所以，他和他的一个卫国老乡李悝就拜了曾子的儿子曾申的门下学习儒家经典。

在曾申的门下学习儒学几年后，吴起认为儒家不能使他出人头地，他决定放弃学习儒学，而学习兵

卿相 就是卿和相的统称，指某朝代的执政大臣、高官。卿是古时高级长官或爵位的称谓，汉以前有六卿，汉设九卿，北魏在正卿下还有少卿。相也特指最高的官职。

法。说做就做，他开始研究起《黄帝阴符经》《六韬》《三略》《孙子兵法》等军事著作。

吴起研读这些兵法书非常刻苦，在那些昏暗的夜晚，吴起在油灯前，每次研读这些兵书都感慨良久，他发现，军事才是他的最爱。

吴起对《孙子兵法》十分尊崇，很多疑难问题在研读《孙子兵法》时使他恍然大悟，一时之间，似乎悟出了更深的东西。对《孙子兵法》的研读，使吴起对兵法的研究更为深入，见识也更上一层楼，这为他日后兵法理论的形成打下了良好的基础。

在这期间，在鲁穆公的相国公仪休的推荐下，吴起被鲁穆公任命为大夫。

公元前412年，齐国和鲁国的矛盾到了非得要动用武力来解决的地步，齐国便派军队攻打鲁国。鲁国国君鲁穆公想启用吴起为将，抵抗齐国的进攻。当

大夫 古代官名。西周以后先秦诸侯国中，在国君之下有卿、大夫、士三级。大夫世袭，有封地。后世遂以大夫为一般官职之称。秦汉以后，中央要职有御史大夫，备顾问者有谏大夫、中大夫、光禄大夫等。至唐宋尚有御史大夫及谏议大夫之官。清朝高级文职官阶称大夫，武职则称将军。

运筹帷幄
兵法韬略

■ 战国时期青铜剑

■ 战国时期兵俑

时，吴起已经成婚，妻子恰恰是齐国人。

鲁穆公犹豫不决，他害怕吴起跟齐国联合一起对付鲁国。吴起知道后，他十分渴望得到这次可以使他成就功名的大好机会。他毅然拿起宝剑，亲手杀了自己的妻子，可怜他的妻子成了他博取功名的垫脚石。

吴起杀了妻子后，找到鲁穆公，表明了自己坚决为鲁国战斗的立场和想法，他请求鲁穆公任命他为将，领兵抗击齐国军队。

鲁穆公见他连结发妻子都杀了，也就不好再说什么，就任命他为将军，率领鲁国军队与齐国作战。

吴起率领鲁军到达前线，没有立即同齐军开战，表示愿与齐军谈判，他先向齐军"示之以弱"，将老弱之兵驻守中军，给对方造成一种没有强兵的假象，用以麻痹齐军，让他们放松自己的戒备。

在齐军放松戒备的时候，吴起率领鲁军中的精锐之师出其不意地向齐军发起猛攻。齐军毫无防备，仓促应战，被鲁军打得丢盔卸甲，溃不成军。

虽然吴起率领鲁军取得了这次保国安民的胜利，

郡守 郡的行政长官，始置于战国。战国各国在边地设郡，派官防守，官名为"守"。本是武职，后渐成为地方行政长官。秦国统一各国后，实行郡、县两级地方行政区划制度，每郡置守，治理民政。

本应该加官晋爵，但是一些嫉妒他的人在鲁穆公面前说起的吴起的不是来。

吴起知道这些非议后，于当年就离开了鲁国而投奔魏国。因为他听说魏国的国君魏文侯是个贤明的君主，于是来到魏国，以求可以施展自己抱负的机会。

魏文侯知道吴起是个用兵的人才，就于公元前410年拜他为魏国的大将，统领魏军。在魏文侯手下，吴起如鱼得水，接连打了几次大胜仗。最为著名的是他率兵连败秦军，夺取了秦国的五座城池。

公元前408年，魏文侯任命吴起为西河郡守，以抵御秦、韩两国的进攻。西河是魏国西部边陲的军事要地，与秦、韩两国接壤，地处黄河之西，容易受到攻击。

吴起一到任，就立即实行改革，整顿各级官吏，重用廉洁奉公的智能之士。同时实施奖励政策，奖励开垦荒地，发展生产，充裕府库。为巩固边防，还招募能征善战之士，进行训练，组建了一致精锐善战的军队。

战国时期的弓弩手

春秋战国时期的
士兵

仁 我国古代一
种含义极广的道
德范畴，本指人
与人之间相互亲
爱。儒家创始人
孔子把"仁"作
为最高的道德原
则、道德标准和
道德境界。他第
一个把整体的道
德规范集于一
体，形成了以
"仁"为核心的
伦理思想结构，
对后世产生很大
的影响。

在吴起的精心治理下，西河地区很快兵多粮足，防守固若金汤，成为铜墙铁壁，吴起镇守西河十几年，大战打了70多次，取得全胜60多次，剩下的战斗均取得平手。秦军一直没能东进一步。

在镇守西河期间，吴起决定将他毕生所学的兵法整理出来。经过记载删减完善，吴起终于将这部兵书完成，这部兵书就叫《吴起兵法》，也叫《吴子》。

在书中，吴起将自己的军事思想淋漓尽致地表现出来。《吴子》分为《图国》《料敌》《治兵》《论将》《应变》《励士》6篇，近5000字。

《图国》篇主要论述了战争观问题。它认为，战争起因于"争名""争利""积恶""内乱"和"因饥"。按照战争性质的不同，可以用礼驾驭"义兵"，以谦逊驾驭"强兵"，以言辞驾驭"刚兵"，以谋诈驾驭"暴兵"，以权力、权变驾驭"逆兵"。

该篇指出，要取得战争的胜利，必须修行"道""义""礼""仁"，用礼教育人民，用义激励人民，使人民有耻辱之心，并要亲和百姓，加强战备，选拔练卒锐士。

《图国》篇发展了孙武"兵贵胜，不贵久"的思想，提出了取得胜利容易，保持胜利困难，多胜亡国，少胜方可得天下的观点。

《料敌》篇主要讲如何判断敌情，因敌制胜的问题。它提出了通过观察敌军的外在表现以了解其内情，审察敌军的虚实以攻击其要害的原则。

《治兵》篇主要论述如何治军，指出战争的胜负不是取决于军队人数的多少，而是取决于军队的素质。

此外，该篇还指出，临阵时还必须避免犹豫不决，优柔寡断。平时必须重视军事训练等。

《论将》篇主要论述将帅的职能和对将帅素质的要求。该篇指出，将帅是全军的统帅，必须刚柔兼备。勇敢并非决定某人能否担任将帅的唯一标准，而只是将帅所应具备的品质之一。

《应变》篇阐述了在不同情况下的应变之术和作战方法。分别论述了在各种具体情况下的不同作战方法。另外，还对攻破敌国城邑后的行为准则，提出了自己的看法。

《励士》篇主要讲述如何激励士气。该篇认为，国君必须做到：发号施令而人人乐闻，兴师动众而人人乐战，交兵接刃而人人乐死。

木雕春秋战国武士

而要实现上述目标，就应尊崇有功，论功行赏，优待战死者的家属，激励无功者立功受奖。

《吴子》中的军事理论有很大的借鉴价值，它提出以治为胜，赏罚严明，做到"令行禁止，严不可犯"。主张通过严格的军事训练，使士卒掌握各种作战本领，提高整个军队的战斗力。

强调根据士卒体力、技能等条件的不同，合理分工和编组，实现军队的优化组合。要求统军将领"总文武""兼刚柔"，强调战斗前一定要先弄清敌人的虚实，选择好有利时机进攻，以夺取胜利。这些主张和要求反映了其"严明治军、料敌用兵、因敌而战"的军事思想。

《吴子》在历史上与《孙子兵法》齐名，并称为"孙吴兵法"，是我国古代军事文化中的一份珍贵的遗产，它继承和发展了《孙子兵法》的有关思想，该书所论及的一些军事理论和方法，对战国以后的历代军事家均有较深的影响。有多种刊本流行，并传到了国外。

阅读链接

吴起善于治军，且爱兵如子，据说，他与士兵同甘共苦，与士兵吃一样的饭，穿一样的衣服。睡觉不铺垫席，走路不骑马坐轿，在行军时，还亲自携带干粮，为士兵分担劳苦。一次有个士兵长了脓疮，吴起亲自为他吸脓。

这个士兵的母亲听说后放声大哭，旁边的人都劝她说："你的儿子是一个普通士卒，吴将军这样对待你的儿子，你还哭什么？"这个士兵的母亲回答说："吴将军过去用口吸过这孩子父亲的疮口，他父亲在泾水之战中勇猛冲杀，死于战场；现在吴将军又为我儿子吸脓，我儿子必然又会为他以死相报，我不知道这儿子会死在哪里，所以为他哭泣。"

王诩隐居而著《鬼谷子》

春秋时期，在周王朝的阳城地界，有一个山谷，山深树密，幽不可测，不是一般人所能居住的地方，所以叫"鬼谷"。

在这谷中居有一位隐者，自号"鬼谷子"，相传他是晋平公时人，姓王名诩。他常入云梦山采药修道。

鬼谷子的师傅离世前，交给鬼谷子一卷竹简，简上书"天书"2字。鬼谷子打开一看，却发现书里从头至尾竟无一字，鬼谷子不觉心中纳闷。他苦思冥想了一会儿，也没想出个结果来，他一时觉得无着无落，心中感觉空空荡荡的，无心茶饭，就

鬼谷子画像

鬼谷子塑像

纵横家 指战国时期的一批从事政治活动的谋士，他们以审察时势、陈明利害的方法，以"合纵""连横"的主张，游说列国君主，对当时的形势产生一定的影响，这些人被称为纵横家，当时谋士一般分属合纵、连横两派，其代表人物为苏秦、张仪。

钻进自己的洞室倒头便睡。

可偏偏睡不着，鬼谷子辗转反侧，老是想着那卷无字天书竹简，直折腾到黑，那竹简仍在眼前铺开卷起，卷起铺开。他索性爬将起来，点着松明火把，借着灯光再看这部"天书"。

这一看吓得他跳了起来，竹简上竟闪出道道金光，一行行蝌蚪文闪闪发光，鬼谷子叹道："莫非这就是世传《金书》？"

鬼谷子一时兴致倍增，一口气读将下去，从头至尾背之成诵。原来上面录着一部纵横家书，尽讲些捭阖、反应、内揵、抵巇、飞钳之术。全书共13篇。

第一篇大意是说：与人辩论，要先抑制一下对方的势头，诱使对手反驳，以试探对方实力。有时也可以信口开河，以让对方放松警惕，倾吐衷肠；有时专听对方陈说，以考察其诚意。

第二篇大意是说：与人辩论，要运用反复的手法。如果反反复复地试探，没有摸不到的底细。要想听到声音就先沉默，要想张开，就先关闭；要想升高，就先下降；要想夺取，就先给予。

第三篇大意是说：要掌握进退的诀窍，这诀窍就是抓住君主的爱好，只要抓住了就可以随心所欲，独往独来。如能顺着君主的情绪去引导或提出建议，就能随机应变，说服君主。

第四篇大意说：在辩论中要能利用别人的裂痕，同时，还要防止自己一方的裂痕。当裂痕小时要补住，大点时要切断裂缝，当大到不可收拾时就干脆将其打破，裂痕也就消灭了。

第五篇大意说：与人雄辩要设法勾出对方的意图，用飞扬之法套出对方的真话，再用钳子钳住，使其不得缩回，只好被牵着走。这样就可纵可横，可南可北，可东可西，可反可复。

第六篇大意说：要想说服他人，必先衡量一下自己的才能长短，比较优劣，自身才质不如他人，就不可能战胜他人。

第七篇大意说：要游说天下人君，必揣测诸侯真

运筹帷幄
兵法韬略

蝌蚪文 也叫"蝌蚪书""蝌蚪篆"，是在于笔画起止，皆以尖锋来书写，其特色也是头粗尾细，名称是汉代以后才出现的，在唐代以后便少见到，在浙江仙居县淡竹乡境内发现。这些文字是上古时代的文字，也是古代人民陆续造成的文字的总称。

■ 古代将军作战浮雕

■ 春秋时期战争场面

指南针 一种判别方位的简单仪器，又称指北针。指南针的主要组成部分是一根装在轴上可以自由转动的磁针，磁针在地磁场作用下，磁针的北极指向地理的北极，利用这一性能可以辨别方向。指南针常用于航海、大地测量、旅行及军事等方面。

情，当人处于极度兴奋时，就无法隐瞒真情，当人极度恐惧时也无法隐瞒真情。在这时才能有效地游说和说服人。

第八篇大意说：善于揣摩他人意图的人就像钓鱼一样不动声色，让鱼自动上钩，"摩"的目的就是刺激对方，让他不由自主地上你的钩。把事情办成功，使人不知不觉。

第九篇大意说：要游说人主，就要量天下之权，要比较各诸侯国的地形、谋略、财货、宾客、天时、安危，然后才能去游说。

第十篇大意说：要做大事，就要有一个向导，就像指南针一样，游说的向导是谋略，要先策划好，再按着策划的内容去游说。

第十一篇大意说：游说要先解疑，解疑的好办法是让对方道出实情。

第十二篇大意说：耳朵要善于听，眼睛要善于看，用天下之耳听，则无不闻；以天下之目看，则无不明；以天下之心虑，则无不知，只有对事情了如指掌，才能言无不验，言无不听。

第十三篇大意是：游说要靠巧辞，要对什么人说什么话，说什么话就要采用什么办法和说辞。不要简单直言，要研究讲话的对象，讲究讲话的技巧。

读完这十三篇，鬼谷子不禁拍案叫绝。他不禁想起与师父一起生活研习的时光，想着想着，不觉一阵阵的心酸，不知过了多久，鬼谷子又钻进被窝睡去。

第二天太阳升起挺高之后，鬼谷子才忽然醒来。他又把《金书》打开来看，不料书中又一字皆无。鬼

游说　指战国时代策士们周游列国、劝说君主采纳其政治主张的活动。游说者多是贤人能士，他们持有一定政治和哲学主张，为得到统治者的信用，往往率领门徒游说于诸侯之间，陈说形势，朝秦而暮楚。秦汉时期，中国知识阶层的游士时代告终，然策士游说促进了古代政治思想、辩论术的发展。

运筹帷幄

兵法韬略

■ 春秋时期青铜战马

春秋战国时期兵器

谷子又苦思冥想起来，不觉日落偏西，黑夜又至。鬼谷子又发现金书闪着金光，字迹依稀可见。

鬼谷子越发感到奇怪了，仔细查看之后，才明白，原来月光从天窗射进来照在《金书》上，金书属阴性，见日则不显，在月光，灯光下才显其缕缕金文。

怎么换了文章，昨天读的本是纵横之言，如今怎么成了兵法？鬼谷子把竹简细细翻一遍，还是兵法，他一口气读将下去，书还是分为13篇。

第一篇大意说：纵横捭阖乃万物之先，是治世安民的前提，一统天下，用兵不是良策，应尽量避免战争。不通过战争而使人屈服才是最高明的。

第二篇大意是说：军机大事在知己知彼，要有制胜之谋。掌握敌情要快、要全，暴露给敌人的要少、要慢，阴谋与阳谋，方略与圆略，要交替运用，不可固守一端。同时谋略也要根据形势的变化，不给人以可乘之机。

第三篇大意说：君臣上下之事，有亲有疏，有远有近，君臣之间远远听到声音就思念，那是因为计谋相同，等待他来决策大事。在这种情况下君主要重用，将帅就要出仕，建功立业。

第四篇大意说：合久必分，分久必合，这是自然的。圣明君主见到世事有了裂痕，就要设法去弥补。

第五篇大意说：凡要决定远近征伐，就要权衡力量优劣。要考虑

兵家韬略

兵法谋略与文化内涵

敌我双方的财力、外交、环境、上下关系，那些有隐患的就可征服。征服的上策，是靠实力去威慑。

第六篇大意说：各国之间或联合，或对抗，要成就大业，需有全面计谋。要正确确立联合谁，打击谁，关键在于自己要有才能智慧，比较双方长短远近，然后才能可进、可退、可纵、可横，将兵法运用自如。

第七篇大意说：要策划国家大事，就必须会揣测他国的想法，揣测是计谋的根本。

第八篇大意说：主持练兵，使军队能打胜仗而士兵又没畏惧感，使军队常在不动兵器、不花费钱物的情况下就能取得胜利，这才算"神明"。而要做到这一点，关键在于谋略，而谋略是否成功，关键又在于周密。

第九篇大意说：善于争霸天下的人，必须权衡天下各方的力量，要度量各国的土地人口、财富、地形、谋略、团结、外交、天时、人才、民心等国事，然后才能做出重大决策。

春秋时期武士

第十篇大意说：凡兵谋都有一定规律。事生谋，谋生计，计生议，议生说，说生进，进生退，退生制。计谋之用，公不如私，私不如法，正不如奇，奇流而不止。

第十一篇大意说：凡是要作出决断，都是因为有所疑惑，在一般情况下是可以通过分析来决断的。而军中大事，各方面头绪十分复杂，难于决断时，可以用占筮的方法决断大事。

第十二篇大意说：在用兵将之时要赏罚严明，用赏最重要的是公正。赏罚严明才能无往不胜。

第十三篇大意说：举事欲成乃人之常情，为此，有智慧的人不用自己的短处，而宁可用愚人的长处，不用自己笨拙的方面，而宁用愚人所擅长之处，只有这样才不会穷困。

鬼谷子反反复复地读《金书》，日夜揣摩《金书》所含的义理，也不知道过了多少时日，最后他根据《金书》的内容，再根据自己的参悟体会，写出了《鬼谷子》及《本经阴符七术》两书。

《鬼谷子》共有14篇，分上中下3卷：上卷以权谋策略为主，包括捭阖、反应、内揵、抵巇4篇；中卷以言辩游说为重点，包括飞箝、忤合、揣篇、摩篇、权篇、谋篇、决篇、符言、转丸、胠乱10篇，其中转丸、胠乱后失传；下卷以修身养性、内心修炼为核心，包括本经阴符七术、持枢、中经3篇。

《鬼谷子》立论高深幽玄，文字奇古神秘，代表了战国游说之士的理论、策略和手段，是纵横捭阖术的经验总结，其中涉及大量的谋略问题，与军事问题触类旁通。

《鬼谷子》讲述了作为弱者一无所有的纵横家

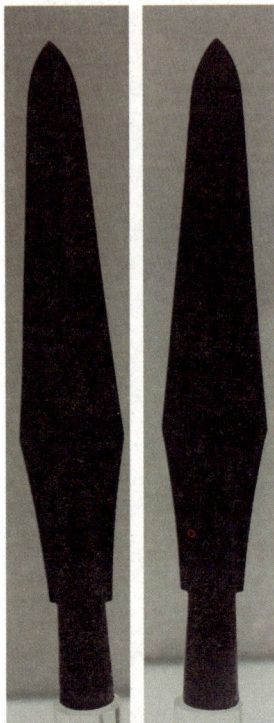

■ 春秋战国兵器矛

《本经阴符七术》 鬼谷子的一部著作。"本"，是根本的意思；"本经"，主要讨论精神修养；"阴符"，强调谋略的隐蔽性与变化莫测。《本经阴符七术》主要论述养神蓄锐之道，前三篇说明如何充实意志、涵养精神。后四篇讨论如何将内在的精神运用于外，如何以内在的心神去处理外在的事物。

们，运用智谋和口才如何进行游说，进而控制作为强者的、握有一国政治、经济、军事大权的君主。其精髓与《孙子兵法》中所说的"知己知彼，胜乃不殆；知天知地，胜乃不穷"有相同的含义。

《鬼谷子》灵活运用古老的阴阳学说，解释并驾驭战国时代激烈的社会矛盾，制订出一整套了解社会并干预社会的计谋权术，构建了纵横游说之术的系统理论。

纵横游说之说培养了苏秦、张仪等杰出的游说之士，这些杰出的游说之士在舞台上演出了"合纵""连横"的一幕幕风云变幻的戏剧性场面。

这部奇书非常看重谋略，但更看重人。有了奇谋并不等于成功，因为奇谋需要有人去完成，去实施。有的人会用谋，而有的人却不会用谋。会用谋者圆满成功，不会用谋者不免失败，甚至会丢掉生命。

《鬼谷子》一书充满了功利主义思想，它认为为了达到自己的目的，一切自认为最合理的手段都可以运用。

《鬼谷子》一书可以说是谋略的集大成者，自诞生以来，影响深远，

阴阳学说 即阴阳五行学说，我国古代朴素的辩证唯物的哲学思想，是以自然界运动变化现象和规律来探讨人体的生理功能和病理的变化，从而说明人体的机能活动、组织结构及其相互关系的学说。阴阳学说认为世上任何事物均可以用阴阳来划分，凡是运动着的、外向的、上升的、明亮的都属于阳；相对静止的、内守的、下降的、晦暗的都属于阴。

■ 鬼谷子参易图

鬼谷子雕像

秦汉以来凡涉足纵横、计谋家者，在进行相关活动时其所采用的手段、方法，无不带有《鬼谷子》的痕迹，打有鬼谷子的烙印。

它所揭示的智谋权术的各类表现形式，被广泛运用于内政、外交、战争、经贸及公关等领域，其思想深受世人重视，并享誉海内外。

阅读链接

相传，鬼谷子本是道教的洞府真仙，位居第四座左第十三位，被尊为玄微真人，又号玄微子。洞府就是洞天，是神仙住的名山圣境，又称洞天福地。传说有"十大洞天""三十六小洞天"和"七十二福地"。真仙又称真人，只有得道成仙后方可称为真人。

玄微真人鬼谷子住在鬼谷洞天，是为了在凡间度几位仙人去洞天福地。他本想度他的四个弟子苏秦、张仪、孙膑、庞涓成仙，但是无奈苏秦、张仪、孙膑、庞涓四人皆尘缘未尽，凡心未了。鬼谷子只好在暗中关注弟子，不时助正抑邪。相传鬼谷子神通广大，有隐形藏体之术，混天移地之法；会投胎换骨、超脱生死；撒豆为兵、斩草为马；揣情摩意、纵横捭阖之术等等。

决胜千里的《孙膑兵法》

春秋末期时，孙武受到吴王阖闾的重用，参与制定了"疲越误越"的对越国战略，指挥吴军打败越国军队，之后，孙武归隐山林，过起与世隔绝的隐居生活。

君子报仇，十年不晚，孙武归隐山林之后，惨败的越国国君勾践立志复仇，他卧薪尝胆，暗中发展力量，吴王夫差被蒙在鼓里，马放南山，贪图享乐，终于被越国所击败，亡了国。

在这期间，孙武的一些后人又返回到齐国。孙武有三个儿子：孙驰、孙明和孙敌。其中次子孙明有儿子孙顺，孙顺又有儿子孙机，孙机又有儿子孙操，孙操又

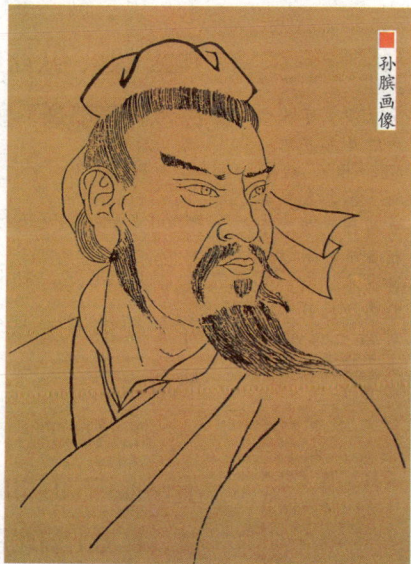

孙膑画像

孙膑献策围魏救赵

六艺 古代儒家
要求学生掌握的
六种基本才能：
礼、乐、射、
御、书、数。其
中礼指礼节。乐
指音乐。射指射
箭技术。御：驾
驶马车的技术。
书指文学和书
法。数指算术和
数论知识。此
外，还有一种
说法，六艺即
六经，谓《易》
《书》《诗》《礼》
《乐》《春秋》。

有了儿子叫孙膑。

那个时候，社会动荡不安，诸侯国之间战争不断，孙家颠沛流离，几经迁徙，最后来到齐国边境一带。孙膑出生时，孙家正处于这样衰落的境地。

孙膑从小受到父亲孙操的言传身教，对军事产生了极大的兴趣，再加上他饱受战乱之苦，深深感到，残酷的战争同国家的安危、人民的生活、个人的命运息息相关，他立志继承祖业，研习兵学，做一个纵横驰骋于疆场的英雄，实现天下的和平与安宁。

定下目标后，孙膑开始学习"六艺"，即礼、乐、射、御、书、数，其中他对"射""御"两项尤其感兴趣，从此后，不管刮风下雨，也不管天寒地冻，孙膑都毫不懈怠，坚持学习，坚持锻炼。

在苦练"六艺"的同时，孙膑意识到要实现自己的远大理想，还要认真学习军事典籍，从前人的智慧中汲取营养，学习经验。孙家是兵学世家，家中保存了很多兵书战策，孙膑如饥似渴地研习这些兵书战策。

他精读了《太公兵法》《管子》《孙武兵法》等兵书，将其中有用的知识熟记在心。孙膑本来就十分聪慧，再加上如此用心和努力，很快打下了坚实的军事理论基础。

犹如一块吸水的海绵，孙膑感到还没有"吸"到足够的知识，他决定走出家门，到外面广阔的世界闯荡一番，从而可以拜访各路高人，汇通各家学说，使自己的兵学造诣更上一层楼。

孙膑打听到魏国有一位号称"鬼谷子"的兵学大师，此人是当世高人，有着经天纬地之才，有着非同一般的才能。孙膑打听清楚后，立即告别亲友，踏上了远游投师之路。

鬼谷子是一位富有传奇的人物，是纵横家的开山鼻祖，他隐居于一个叫"鬼谷"的地方教授门徒。

孙膑离开家乡后，不顾路途劳顿，日夜兼程，很快就进入魏国国境，来到鬼谷山下。鬼谷山面对一条清溪，背靠高峰，景色幽丽。

按照礼节，孙膑拜见了鬼谷子先生。鬼谷子知道了孙膑是孙武的后代后，半眯着眼睛仔细端详了一下孙膑，然后满面笑容地对孙膑说：

"原来你是孙武的后人，现在兵圣的后人也立志学习研究兵法，很好，兵圣后继有人了，我收下

059

运筹帷幄

兵法韬略

■ 胡服图

战国时期战争

了你这个徒弟，以后咱们可以一起研究切磋兵学。"

鬼谷子知道孙膑在兵学方面已经有了一定根底，于是采取教学相长的办法，先让孙膑对以前学过的兵法，如《神农兵法》《黄帝兵法》《太公兵法》《军志》《军政》《司马法》《管子》等加以温习领悟。

在此基础上，鬼谷子重点向孙膑传授孙武的兵法十三篇，两人一起体悟，一起交流心得。同时，鬼谷子教孙膑战阵之道，讲解五阵、八阵等排兵布阵的方法和道理。

此外，鬼谷子还向孙膑传授了纵横之学，这门学问讲的是如何权谋奇变、纵横捭阖之术。纵横之学与兵学有着很深的内在联系。

经过鬼谷子几年的悉心教导，孙膑的知识更上了一层楼，他对军事、兵学精义的理解和掌握更加得心应手，兵法知识都烂熟于心了。

孙膑在跟随鬼谷子学习兵法知识时，有一位同窗叫庞涓，庞涓来自魏国。孙膑和庞涓一起研读兵法，讨论切磋，互相启发，结下了同窗之谊。

一天，庞涓突然向鬼谷子、孙膑告辞，说要下山去，因为自己的祖国魏国正需要人才，魏惠王正在招贤纳士，自己应该为祖国的强盛贡献聪明才智。

下山后，庞涓来到魏国的国都大梁求见魏惠王。魏惠王听说鬼谷子的高足来投奔，不仅喜出望外，马上接见了庞涓，并很快任命庞涓

兵家韬略

兵法谋略与文化内涵

为魏国的大将军，统领魏国军队。

庞涓当上了大将军后，练兵有方，指挥有道，率兵出征击败了卫、宋等国，一时间，成为魏国的头号军事人物，名满中原。

庞涓写了一封邀请信给孙膑，要孙膑下山担任魏国将军，为魏国服务。孙膑没有多想，遂辞别恩师，来到了大梁。

没想到居心叵测的庞涓根本没有想把孙膑推荐给魏惠王的意思，原来他嫉妒孙膑的才能高过自己，他内心的想法是把孙膑骗到魏国，想办法让孙膑臣服，好除去自己的心头之患。

孙膑一到大梁就被庞涓软禁起来。一天庞涓派人宣布孙膑犯有私通齐国之罪，对其施行"膑刑"，即剐去膝盖骨的刑罚，使人无法行走。并在脸上刺字涂墨，使孙膑成为受人鄙视的"刑徒"。

孙膑忍辱负重，借齐国使者的帮助瞒过庞涓等人的耳目，逃回齐国。齐威王同孙膑讨论兵法，见孙膑兵法娴熟，见解高深，便任命孙膑为齐国军师。

公元前354年，庞涓率领8万魏军围攻赵国都城邯郸。赵国请齐国救援。齐威王以大将

061

运筹帷幄

兵法韬略

■ 庞涓塑像

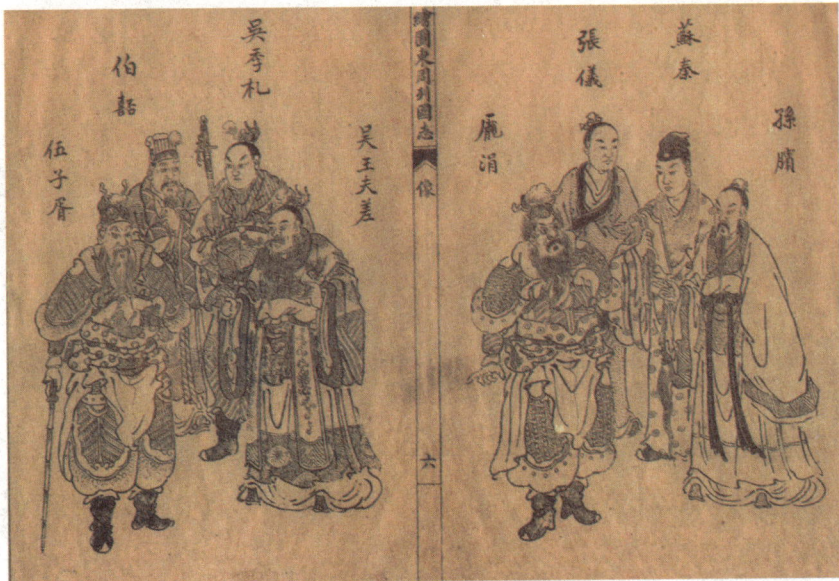

■ 《东周列国志》
中的孙膑画像

田忌 妫姓，田
氏，亦作陈氏，
名忌，字期，又
曰期思，又称徐
州子期。战国时
期齐国名将。公
元前340年，孙膑
逃亡到齐国时，
田忌赏识孙膑的
才能，将其收为
门客。之后，两
人相互配合，以
"围魏救赵"和
"减灶之计"多
次打败魏军，为
齐国建立功勋。

军田忌为主将，孙膑为军师，统兵8万前往救赵。孙膑向田忌建议：魏军长期围攻赵国，主力消耗在外，魏都大梁没有精锐部队，如果出兵大梁，赵国之危可解。

田忌采纳了孙膑的计策，出兵大梁，庞涓闻报，指挥魏军回救大梁。在主力先期到达桂陵时，遭到了齐军的截击而大败。

公元前343年，魏军进攻韩国，韩国向齐国求救。这次，齐威王又派田忌为主将，孙膑为军师出兵援救韩国。魏惠王派太子申为上将，庞涓为将军，率兵10万迎击齐军。

孙膑利用魏军轻视齐军和庞涓急切求胜的心理，故意避战示弱，逐日减少饭灶，示假隐真，引庞涓率兵进入道狭地险的马陵道，而事先，孙膑带领齐军已经做好伏击。

庞涓中计，齐军万箭齐发，魏军死伤无数，庞涓见大势已去，羞愤难堪，拔剑自刎。齐军乘胜猛攻，全歼了魏军。

马陵道大捷后，齐国名声大振，田忌功高盖主，受到了齐威王的猜忌，他解除了田忌大将军的职务。田忌率领少数亲信，越过齐国边境，逃难到了楚国。跟随田忌多年，与之关系密切的孙膑也从此悄然隐退。

隐退后的孙膑对官场失去了兴趣，从此他把心思都用在了对兵学的研究上，他静下心来著述兵书，把自己对兵学的思考总结一下，又将早年所学的兵法知识和自己的作战经验融入进去，最终完成了著作《孙膑兵法》。

《孙膑兵法》共16篇，它继承了《孙子兵法》等书的军事思想，总结了战国中期及其以前的战争经验，在战争观、军队建设和作战指导上都提出了若干有价值的观点和原则。

它强调了战争的重要性，明确主张"战胜而强立，故天下服矣"，否则就会"削地而危社稷"。它用历史经验说明，用战争解决

古代战争场景雕塑

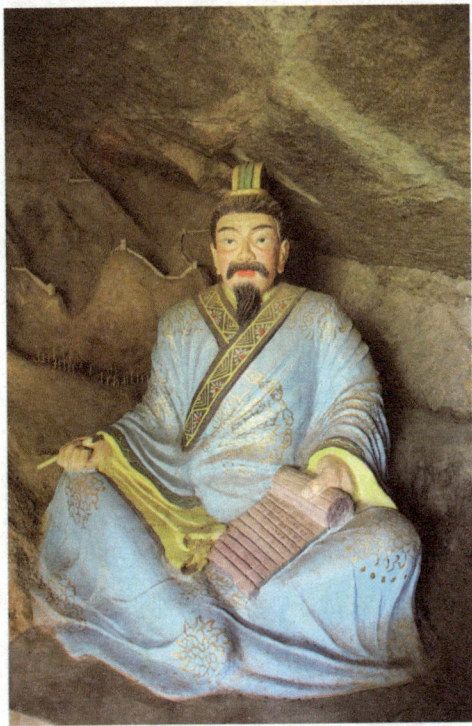
■ 孙膑塑像

八阵　指我国古代的一种军事阵法，目前主要存在两种解释，一种是指八种阵形变化，一种是指九军八阵法。三国时代著名的军事家诸葛亮曾经推演八阵图，并留下部分内容及三处石阵遗迹，后来唐宋的兵家在复原推演八阵时，多采用诸葛亮的遗法。

问题。这是符合当时七雄并立，全国渐趋统一的客观要求的。

在军队建设上，它认为首要的问题是"富国"，只有"富国"才是"强兵"之急。关于强兵，它重视训练、法制和将帅条件。提出"兵之胜在于篡(选)卒，其勇在于制"，即士兵要严格挑选，严格训练，有良好的组织编制，做到赏罚严明。

强调将帅不但要具备德、信、忠、敬等品质，还要善于掌握"破强敌，取猛将"的用兵之道。军事训练和战争中要重视人的作用，认为"间于天地之间，莫贵于人"。

在作战指导上，强调要"知道"，所谓"知道"，就是"上知天之道，下知地之理，内得其民之心，外知敌之情，阵则知八阵之经。"

孙膑还概括出一套使用八阵作战的理论，"用阵三分，每阵有锋，每锋有后，皆待令而动。斗一守二，以一侵敌，以二收"。

这就是说，用八阵作战，可以把兵力分为主力、先锋、后续部队三支。作战时只以三分之一的兵力接敌，而以其他三分之二作为机动兵力蓄劲待敌。如果敌人弱而乱，就用精锐的部队击溃它；如果敌人强而严整，就用老弱士卒去引诱它，待它兵力分散以后，再行进攻。

强调创造有利的作战态势，未战之前要"事备而后动"，意思是准备好了再打。既战之后要灵活用兵；己强敌弱时要"赞师"，就是要示弱以诱敌出战；敌强己弱时要"让威"，即先退一步，后发制人；势均力敌时要调动、分散敌人，然后集中兵力，"并卒而击之"等等。

《孙膑兵法》具有独特的价值，无论是在广度还是在深度上，对《孙子兵法》和《吴子》都有极大的丰富和发展，二者前后相继，相映成辉。人们将其提出的一些兵学范畴作为重要命题加以探讨，并以其提出的用兵原则指导战争实践。

另一方面，军事理论家和统兵将领从其"围魏救赵""减灶诱敌"的战争实践中学到无穷的智慧，这种灵活机动的战略战术成为我国军事史上的典范。

阅读链接

孙膑受到齐威王的重用与齐国大将军田忌有很大的关系。齐国使者到大梁来，孙膑以刑徒的身份秘密拜见，劝说齐国使者。齐国使者觉得此人是个奇人，就偷偷地把他载回齐国。齐国将军田忌非常赏识孙膑，并且待如上宾。

田忌经常与齐国众公子赛马，设重金赌注。孙膑发现他们的马脚力都差不多，马分为上、中、下三等，于是对田忌说："您只管下大赌注，我能让您取胜。"田忌相信并答应了他，与齐王和诸公子用千金来赌注。比赛即将开始，孙膑说："现在用您的下等马对付他们的上等马，拿您的上等马对付他们的中等马，拿您的中等马对付他们的下等马。"已经比了三场比赛，田忌一场败而两场胜，最终赢得齐王的千金赌注。于是田忌把孙膑推荐给了齐威王。

尉缭助秦而著《尉缭子》

　　战国时期，魏国大梁有一个名叫尉缭的人很有思想见地。尉缭早年跟随一个当时的名士学习，深得改革变法之道。此外，尉缭对军事有很深的研究。他读了很多兵书，对其中的精义理解透彻。

战国时期作战雕塑

战国后期，诸侯国之间的争斗越发激烈。各国一方面对外用兵，扩充自己的势力。一方面在国内围绕着富国强兵之道，纷纷招贤纳士，以图立于不败之地。

魏国在公元前334年开始招贤纳士，邹衍、淳于髡、孟轲等当时的名士都来到大梁，尉缭也在这时候来到大梁并见到了梁惠王。

素有大志的尉缭一次与梁惠王探讨用兵取胜之道。尉缭认为用兵之道在于"号令明，法制审""兵以静胜，国以专胜"，用兵的目的在于"诛暴乱，禁不义"。

■ 秦始皇画像

这些用兵之道没有得到梁惠王的认可。尉缭不仅熟悉魏国的国情，而且处处为振兴魏国着想，表现了他热爱故土的深情，以及对秦兵压境的忧虑。

尉缭对军事家吴起无限钦佩。他赞赏吴起执法严明，重视士兵在战争中的重要性，具有其重民及重视人的因素的积极意义，他希望魏国能有像吴起这样的军事首领。

天不遂人愿，尉缭眼见难以在魏国施展自己的才华，他听说秦王嬴政是个可以共图大事的贤明君主，于是决定前往秦国。

孟轲（前372—前289），即孟子，名轲，字舆。汉族，东周邹国人，东周战国时期伟大的思想家、教育家、政治家、文学家，儒家的主要代表之一。孟子在政治上主张"法先王"、行仁政；在学说上推崇孔子，有"亚圣"之称，代表作品为《孟子》。

■ 秦始皇陵兵马俑

"合纵" 战国时期，赵、韩、齐等六国诸侯实行纵向联合，一起对抗强大的秦国的政策。当时，秦国在西方，赵、韩、齐等六国土地南北相连，六国联合故称合纵。合纵的实质是战国时期的各大国为扩大实力而联合进行的外交、军事斗争，其目的在于联合许多弱国抵抗一个强国，以防止强国的兼并。

公元前237年，尉缭来到了秦国，此时秦王政已亲秉朝纲，国内形势稳定，秦王正准备全力以赴开展对东方六国的最后一击。

当时秦国实力已经非昔日可比，以己之力，秦国完全可以消灭六国中的任何一个国，但是如果六国联合起来共同对抗，情况就难以预料了。所以摆在秦王嬴政面前的棘手问题是，如何能使六国不再"合纵"，让秦军以千钧之势，迅速制服六国，统一天下，避免过多的纠缠，消耗国力。

按照秦国以前惯用的方法是采用离间之计离间六国，其实，那个时候，秦国的丞相李斯等人正在从事着这项工作，但是采用什么方法更为有利，则仍是一个很棘手的问题。

消灭六国，统一中国，是历史上从未有人干过的事情，秦王嬴政深知这一点，他不想打无准备之仗。

另外，当时秦国还有一个非常严峻的问题，那就是秦国虽然战将如云，猛士遍野，而真正谙熟军事理论的军事家却没有。靠谁去指挥这些将士呢?如何在战略上把握全局,制订出整体的进攻计划呢?

秦王嬴政对此十分烦恼,他自己出身于王室,虽工于心计,讲求政治谋略,但没有打过仗,缺乏带兵的经验。李斯等文臣也是主意多,实干少,真要上战场,真刀真枪地搏杀,恐怕就无用武之地了。

就在这个时候,尉缭来了,他来得真是时候,他恰好具备秦王期望的军事家的各项素质,真是冥冥之中,必有天意。老天似乎想帮助秦王圆了这个统一大业的梦。

尉缭一到秦国,就向秦王献上一计,他说:"以秦国的强大,诸侯好比是郡县之君,我所担心的就是诸侯'合纵',他们联合起来出其不意,希望大王不要爱惜财物,用它们去贿赂各国的权臣,以扰乱他们的谋略,这样不过损失些钱财,而诸侯则可以尽数消灭了。"

李斯 李氏,名斯,字通古,战国末期楚国上蔡人,秦代著名的政治家、文学家和书法家,也是秦王嬴政时的丞相。李斯辅佐秦王完成了统一六国的霸业。他的政治主张的实施对我国和世界产生了深远的影响,奠定了我国两千多年政治制度的基本格局。

运筹帷幄

兵法韬略

■ 秦俑雕塑

■ 蒙恬铜像

兵家韬略

兵法谋略与文化内涵

这一番话正好说到秦王最关心的问题上，秦王觉得此人不一般，正是自己千方百计寻求的人，于是对他言听计从。不仅如此，为了显示恩宠，秦王还让尉缭享受同自己一样的待遇，每次见他，总是很谦卑。

相传，尉缭懂得面相占卜，他看过秦王面相后，认定秦王的面相刚烈，有求于人时可以虚心诚恳，一但被冒犯时却会变得极其残暴，对臣属也会毫不手软。

另外，经过与秦王嬴政一段时间的接触，尉缭得出了秦王"缺少恩德，心似虎狼；在困境中可以谦卑待人，得志于天下以后就会轻易吞食人""假使秦王得志于天下，那么天下之人都会变成他的奴婢，决不可与他相处过久"的结论。

尉缭决定不为其服务，萌生了逃离之心。他多次尝试逃离秦王为他安排的住处，但都被秦王发现，将其追回。

尉缭刚入秦时，与秦国将军蒙恬偶遇，蒙恬为之亲自牵马，请回府中。蒙恬曾请尉缭继续著书，尉缭断然回绝，并打算离开蒙府，在蒙恬的苦苦央求下才

诸侯 是古代中央政权所分封的各国国君的统称。周代分公、侯、伯、子、男五等，汉朝分王、侯二等。周制，诸侯名义上需服从王室的政令，向王室朝贡、述职、服役，以及出兵勤王等。汉时诸侯国由皇帝派相或长吏治理，王、侯仅食赋税。

留下。秦王嬴政多次求教，尉缭也不再献计献策。

国家正在用人之际，像尉缭这样的军事家如何能让他走？秦王嬴政决定用尽办法让其为己服务。秦王嬴政发挥他爱才、识才和善于用才的特长，想方设法将尉缭留住，他将尉缭提升到国尉的高位之上，让他掌管全国的军队，主持全面军事。

尉缭也不好意思再逃离了，只好死心塌地地为秦王出谋划策，为秦的统一作贡献。尉缭的到来，使秦国文臣武将一应俱全，秦王嬴政又是一位年轻力壮、极富进取心的国君，这样秦国统一中国已经是大势所趋，历史的必然了。

尉缭在西入秦国前，就想根据自己研读多年兵法的心得，撰写一部兵书。在魏国逗留期间，尉缭就开始了撰述《尉缭子》一书，是以他与梁惠王晤谈军事学的形式撰写的。

由于不能专心著述，尉缭只能利用空闲时间断断续续地写。在入秦后，尉缭根据形势需要，对此书进行了修改，最终使这部兵书完善起来，这就是《尉缭子》。

《尉缭子》共分为5卷，24篇。尉缭将自己的军事思想完整地反映这部兵书《尉缭子》之中。

卷一包括"天官""兵谈""制谈""战略""攻权"5篇，主要论述

■ 秦始皇统一中国

■ 秦战车

政治、经济和军事的关系，攻城与作战的原则，主张行事不应依靠迷信鬼神，而应依赖人的智慧。

卷二包括"守议""十二陵""武议""将理""原官"5篇，主要论述战争的性质、作用和守城的原则。

卷三包括"治本""战权""重刑令""伍制令""分塞令"5篇，主要讲述用兵的原则、军队的纪律和奖惩制度。

卷四包括"束伍令""经卒令""勒卒令""将令""踵军令"5篇，主要叙述战场法纪、部队的编组、标志和指挥信号，以及行军序列。

卷五包括"兵教上""兵教下""兵令上""兵令下"4篇，主要论述军队的训练和取胜之道。

在《尉缭子》中，尉缭提出为了保证战争的胜利，必须加强治军的手段，制定、颁布严格的军纪、军规，使所有军官、士兵都知晓，一旦触犯将处以重

法家 通常是指春秋战国时期的法家学派。法家思想是从早期儒学家荀子基于性恶说的礼治论发展而来的，著名的李斯与韩非子都是荀子的弟子，他们将以礼治国的学说向前迈进了一步，提出了以法治国。另外，法家在古时候是指明法度的大臣。还有，法家在古代与"方家"同义，都是指对书法家、画家等的尊称。

刑。尉缭这些措施与秦王嬴政一贯推崇的法家思想是不谋而合的。

尉缭认为战争有三种胜利：不战服人的"道胜"，威慑屈人的"威胜"，战场交锋的"力胜"。其中不战服人的"道胜"和威慑屈人的"威胜"为战争的取胜最佳方式。

在具体的战术上，尉缭还实践了当时最先进的方法，如在列阵方面，他提出：士卒"有内向，有外向；有立阵，有坐阵"。这样的阵法，错落有致，便于指挥。

尉缭对战争的具体行为有他自己的看法，他认为，军队不应进攻无过之城，不能杀戮无罪之人。凡是杀害他人父兄，抢夺他人财物，将他人子女掠为奴仆的，都是大盗的行径。

尉缭希望战争对社会造成的危害越小越好，甚至提出，军队所过之处。农民不离其田业，商贾不离其店铺。另外他还希望靠道义，即正义战争，靠民气，即人心的向背来取得战争的胜利。

《尉缭子》所谈的战略、战术问题没有《孙子兵法》《吴子兵法》

秦朝将士蜡像

深刻，但在一系列问题上有着自己的创见。如，它提出了以经济为基础的战争观，《治本篇》中说，治国的根本在于耕织："非五谷无以充腹，非丝麻无以盖形。"

《尉缭子》提出了一些有价值的战略战术思想，如战争"专一则胜，离散则败"，意思是战争要集中优势兵力，待机而动。主张在战争中运用权谋，说："权先加人者，敌不力交。"还主张在军中实行各种保密符牌和军情文书制度等等。

《尉缭子》是一部具有重要军事学术价值和史料价值的兵书，其中掺杂着法家、儒家、墨家、道家等学派思想，在先秦兵书中独具一格，对后世有深远影响，受到历代统治者和兵家的重视。

兵家韬略

兵法谋略与文化内涵

阅读链接

对于《尉缭子》，有各种不同说法。第一种意见原先认为《尉缭子》是一部伪书，是出于后人伪造。但是后来伪书一说遭到大多数人的否定。第二种意见认为《尉缭子》一书并非尉缭一人所著，而是自尉缭开始，经四代人努力才得以完成的。

第三种意见与第二种意见大致相同，它认为《尉缭子》的前身是《汉书·艺文志》所著录的"杂家"《尉缭》29篇。"杂家"糅杂儒墨名法之说。"杂家"《尉缭》属"商君学"，除论述军事外，还涉及政治和经济。它虽谈兵法，却并非兵家。《隋书·经籍志》著录有"杂家"《尉缭子》5卷。这都和后来的《尉缭子》的内容和卷数相同，可见后来的《尉缭子》即"杂家"《尉缭子》。

在先秦兵法思想的启迪下，后世的兵法思想及其理论有了新的发展，它们继承了先秦兵学的优秀传统，又具有突出的时代特征，其内涵丰富，军事思想突出。

这一时期的军事理论在有关战争的诸多问题上，包括对于战争的基本态度，对战争目的和性质的分析、军事技术的创新和发展、战争与政治经济的关系、战争与民众的关系、战争与天时地利的关系、战争与主观指导等方面，都提出了简明扼要而又深刻的总结。这些兵学思想多通过著述兵书得以呈现和流传，兵书自然而然地也成为了人们获取军事理论和兵学智谋的宝库。

实战经验

黄石公赠张良《三略》

战国时期，韩国有一个家世显赫的张姓家族，张姓家族的代表人物张开地连任韩国三朝宰相，他的儿子张平继任他的位置，连任韩国二朝宰相，可是到了张平的儿子张良出生时，韩国已经渐渐衰落下去。公元前230年韩国被秦国兼并。

韩国的灭亡，使张良失去了继承祖业的机会，丧失了显赫荣耀的地位，张良怀着亡国亡家之恨，一心想报仇。他结交到一位大力士，一次他和这个大力士在秦王嬴政途经之地埋伏好，准备一举杀掉秦王。

但是天不遂人愿，刺杀

张良彩像

最后功亏一篑，大力士被秦王的侍卫杀死，而张良侥幸得以逃脱，从此改名换姓到处避难。

■ 黄石公向张良授书塑像

张良逃难到下邳，一天，他漫步来到一座叫沂水圯桥的桥头上，对面走过来一个衣衫破旧的老头。那老头走到张良身边时，忽然脱下脚上的破鞋子丢到桥下，对张良说："去，把鞋子给我捡回来！"

张良很奇怪又很生气，觉得老头是在侮辱自己，真想上去揍他几下。可是他又看到老头年岁很大，便只好忍着气下桥给老头捡回了鞋子。

谁知这老头得寸进尺，竟然把脚一伸，吩咐说："给我穿上！"

张良更觉得奇怪，简直是莫名其妙。尽管张良已很有些生气，但他想了想，还是决定干脆帮忙就帮到底，因此跪下身来帮老头将鞋穿上了。

老头穿好鞋，跺跺脚，哈哈笑着扬长而去。张良

宰相 我国古代最高行政长官通称。"宰"的意思是主宰，商朝时为管理家务和奴隶的官；周朝有执掌国政的太宰，也有掌管贵族家务的家宰、掌管一邑的邑宰。相，本义为相礼之人，字义有辅佐之意。辽代时始为正式官名。

■ 车马出行图

刘邦（前256—前195），汉朝开国皇帝，即汉高祖皇帝，沛郡丰邑中阳里人，同时，也是汉民族和汉文化伟大的开拓者之一、我国历史上杰出的政治家、卓越的战略家和指挥家。对汉族的发展，以及中国的统一和强大有突出贡献。

看着头也不回、连一声道谢都没有的老头的背影，正在纳闷，忽见老头转身又回来了。他对张良说：

"小伙子，我看你有深造的价值。这样吧，5天后的早上，你到这儿来等我。"张良深感玄妙，就诚恳地说："谢谢老先生，愿听先生指教。"

第五天一大早，张良就来到桥头，只见老头已经先在桥头等候。他见到张良，很生气地责备张良说："同老年人约会还迟到，这像什么话呢？"说完他就起身走了。走出几步，又回头对张良说："过5天早上再会吧。"

张良有些懊悔，可也只有等5天后再来。到了第五天，天刚蒙蒙亮，张良就来到了桥上，可没料到，老人又先他而到。

看见张良，老头这回还是声色俱厉地责骂道："为什么又迟到呢？实在是太不像话了！"说完，十分生气地一甩手就走了。走时依然丢下一句话："还是再过5天，你早早就来吧。"

张良惭愧不已。又过了5天，张良刚刚躺下睡了一会儿，还不到半夜，就摸黑赶到桥头，他不能再让老头生气了。

过了一会儿，老头来了，见张良已在桥头等候，他高兴地说："就应该这样啊！"然后，老头从怀中掏出一本书来，交给张良说：

"再过十年，天下将打仗，读了这部书，就可帮助君王治国平天下。过十三年，你将在济北谷城山下见到我的化身，黄石即是我。"说完，老头飘然而去，还没等张良回过神来，老头已没了踪影。

等到天亮，张良打开手中的书，他惊奇地发现自己得到的是一部兵书，名叫"三略"，这可是天下早已失传的极其珍贵的书哇，张良惊异不已。

从此后，张良捧着《三略》日夜攻读，勤奋钻研。后来他真的成了大军事家，做了刘邦的得力助手，为汉王朝的建立立下了卓著功勋，名噪一时，功盖天下。

13年后，张良来到济北谷城山下，没有见到这位老人，却见到一块黄石，他把黄石取回供奉起来。张良死后，与这块黄石葬在一起。

这位神龙不见首尾的神秘老人名叫黄石公，他赠送张良的天书是

楚汉战争场面

兵家韬略

兵法谋略与文化内涵

■ 楚汉战争复原图

《素书》 黄石公所著的一部谋略书，在我国谋略史上占据重要地位。《素书》仅有六章、一百三十二句、一千三百六十字。书中语言高度概括，字字珠玑，句句名言。书中对人性把握精准独到，对事物变化观察入微，对谋略点恰到好处。

一部兵法书，名叫"三略"。

相传，黄石公是秦始皇父亲的重臣，姓魏名辙。秦始皇父亲庄襄王死后，轮到秦始皇坐朝当政，他独断专行，推行暴政，忠言逆耳，听不进忠臣元老的意见。魏辙便辞官归隐。

秦始皇听说魏辙走了，想想一来自己还年轻，虽已登基，但立足未稳，身边需要人辅佐；二来魏辙是先皇老臣，如若走了会让天下人笑话自己无容人之量，于是就带亲信追魏辙到骊山脚下。

见到魏辙后，秦始皇用好言好语千方百计挽留，但是魏辙决心已定，坚决不回去。后来，他就隐居在邳州西北黄山北麓的黄华洞中，因人们不知道他的真实姓名，就称他为黄石公。

黄石公虽然隐居，但内心一直还牵挂着黎民百姓，他把一生的知识与理想倾注在笔墨上。黄石公博学多才，他精通政治、经济、军事、权谋学问，神学和天文地理知识也相当丰富。

黄石公著的书有《内记敌法》《三略》3卷、《阴谋乘斗魁刚行军秘》1卷，此外还有《地镜八宅法》《素书》等兵书战策。

书写好后，他就四处寻找合适人物，目的是委托重任，以实现他为国效力的意愿。恰巧在下邳沂水坯桥桥头偶遇张良，经过3次考验，他认为张良是一个可以成大事的人，因此，他把兵书《三略》3卷赠送给了张良。而张良则依靠这部兵书建功立业，取得了事业的辉煌。

《三略》也叫《黄石公三略》，分为上、中、下3卷，是从《太公兵法》中推演而成，与《六韬》齐名，它侧重于从政治策略上阐明治国用兵的道理，是一部糅合了诸子百家的思想，而专论战略的兵书。

■ 楚汉战争复原图

《三略》大量引用古代兵书《军谶》《军势》中的内容来表达自己的思想，共引用了700余字，占全书的1/6还要多，为后人保留了这两部已佚兵书的部分精华。

《三略》的兵本思想，是古代军事思想史上的重大进步。它主张治国统军要根据具体情况的发展变化，柔、弱、刚、强四者兼施，巧妙运用。书中还指出了柔能制刚，弱能制强的道理。

《三略》还认识到，人的主观认识是客观存在的反映，指出"端末未见，人莫能知"，并认识到事物都是发展变化的，注重灵活运用的重要性，提出战略战术的制定，要依据敌情的实际变化而不断修正，要因敌转化。

《三略》对后世有着深远的影响，其军事学术价值和谋略价值很高，由于揭示出了治国方略、用兵韬略的一些普遍规律，为我国历代军事家所推崇。

兵法谋略与文化内涵

阅读链接

在民间传说中，黄石公为秦汉时人，很小时，父母便双亡了，黄石公是跟着他的哥嫂长大的。

一天上午，黄石公独自吆喝着牲口去山坡上耕他家的一块山地。干了一气活儿后，便停下牲口歇息。黄石公抬头看到山顶一棵大树下有两人在下棋，便来到大树下看两人下棋。也许是下棋的两个道士精神太集中了吧？黄石公的到来未引起他们的注意。黄石公也默默地站到旁边看。两个道士一盘棋下完，起身看了黄石公一眼，也没和黄石公说什么，便扬长而去。黄石公回到村里，却发现情况都变了，他看到的人，没一个是他认识的了，他的家也不存在了。通过询问村里的老人，黄石公终于知道了，时间已经过去了一百多年了，黄石公就这样糊里糊涂地成了神仙。道教人士也把他纳入了神谱。

诸葛亮著《兵法二十四篇》

在徐州琅邪郡阳都县，诸葛氏算是当地的望族，诸葛丰曾在西汉元帝时做过司隶校尉，诸葛丰的儿子诸葛圭东汉末年做过泰山郡丞。

公元181年，诸葛圭的妻子产下一子，起名诸葛亮。诸葛亮似乎是个不平凡的人，3岁时，母亲章氏病逝，8岁时，父亲诸葛圭也离他而去。

诸葛亮与弟弟诸葛均一起跟随由大将军袁术任

诸葛亮画像

三顾茅庐绘画

命为豫章太守的叔父诸葛玄到豫章赴任，后来东汉朝廷便派朱皓取代了诸葛玄职务，诸葛玄就去投奔了荆州牧刘表。

197年，诸葛玄病逝，诸葛亮和弟弟失去了生活的依靠，便移居南阳。

诸葛亮此时已16岁，平日好读《梁父吟》，又常以管仲、乐毅比拟自己，当时的人对他都不屑一顾，只有徐庶、崔州平等好友赞赏他的才干。

诸葛亮当时和好友徐庶拜当时的襄阳名士水镜先生司马徽为师，两人一起研读史籍，悉心理会其中的要义精髓。时光荏苒，诸葛亮与当时的襄阳名士庞德公、黄承彦等人结下了深厚情谊。

相传，有一次黄承彦对诸葛亮说："我家中有一丑女，头发黄、皮肤黑，但才华可与你相配。名叫黄月英，不知你可否愿意与她结为夫妻？"

不重容貌的诸葛亮答应了这桩亲事，决定迎娶这位有才华的丑女。当时人们都以此取乐，乡里甚至编了一句谚语："莫作孔明择妇，正得阿承丑女。"

再说西汉中山靖王刘胜的后人刘备心怀大志，有统一天下的志愿。有一次，司马徽与刘备会面时，他

谚语 是熟语的一种，是流传于民间的比较简练而且言简意赅的话语。大多数反映了劳动人民的生活实践经验，而且一般都是经过口头传下来的。它多是口语形式的通俗易懂的短句或韵语，如"种瓜得瓜，种豆得豆"。

兵家韬略

兵法谋略与文化内涵

知道刘备将来是个成大事的人，也有招贤纳士之心，于是对刘备说：

"那些儒生都是见识浅陋的人，岂会了解当今局势？能了解当今局势才是俊杰。我看只有诸葛亮、庞统可以担当此大任。"

刘备将此话放在心里，他找来徐庶，希望徐庶能引诸葛亮来见，但徐庶却建议："这人可以去见，不可以令他屈就到此。将军宜屈尊以相访。"

刘备便亲自前往拜访，去了3次才见到诸葛亮。与诸葛亮相见后，刘备便叫其他人避开，对诸葛亮说道："现今汉室衰败，奸臣假借皇帝的旨意做事，皇上失去大权。我没有衡量自己的德行与能力，想以大义重振天下，但智慧、谋略不足，所以时常失败，直至今日。不过我志向仍未平抑，先生有没有计谋可以帮助我？"

荆州 古称"江陵"，是春秋战国时楚国都城所在地，位于湖北中南部，长江中游两岸，江汉平原腹地。荆州历史悠久，文化灿烂。建城历史悠久，是楚文化的发祥地和三国文化的中心。

085

出谋划策

实战经验

■ 隆中对场景

■ 诸葛亮论三分天下雕塑

刘禅（207—271），蜀汉后主，字公嗣，又字升之。小名阿斗。刘备之子，母亲是昭烈皇后甘氏。三国时期蜀汉第二位皇帝，公元223年—263年在位。公元263年蜀汉被曹魏所灭，刘禅投降曹魏，被封为安乐公，后在洛阳去世。

诸葛亮遂向他陈说了三分天下之计，分析了曹操不可取，孙权可做作援的形势；又详述了荆、益二州的州牧懦弱，有机可乘，而且只有拥有此二州才可争胜天下；更向刘备讲述了攻打中原的战略。

刘备听后思路豁然开朗，他认定诸葛亮真是个可以平定天下的人才，他力邀诸葛亮相助，诸葛亮遂出山辅佐刘备。

诸葛亮出山辅佐刘备，使当时的局势为之大变，他联合孙权抗击曹操，在赤壁之战中大败曹军，形成了三国鼎足之势。诸葛亮又帮助刘备夺占荆州，又攻取了益州，再接着又大败曹军，夺得汉中。

公元221年，刘备在四川成都建立蜀汉政权，诸葛亮被任命为丞相，主持蜀汉朝政。

公元223年，刘备离世，蜀汉后主刘禅继位，诸葛亮被封为武乡侯，负责处理日常事务。当时全国的大事小情都由诸葛亮决定。诸葛亮对外与东吴联盟，对内改善和西南各族的关系，施行屯田，加强战备。

227年，诸葛亮率军屯于汉中，前后六次北伐中原，但无功而返，229年，因积劳成疾，诸葛亮病逝于五丈原军中。

诸葛亮晚年将自己几十年来行军打仗、治国安邦的经验辑成一部兵书，即《诸葛亮兵法》，也称《兵法二十四篇》。

《兵法二十四篇》上面记载了诸葛亮几十年来行军打仗、治国安邦的经验。在五丈原之战中，诸葛亮在死前曾将此书和造用"连弩"之法等毕生所学传授给了姜维，使姜维成为了诸葛亮最有力的继承人。

《兵法二十四篇》原有24篇，分为视听第三、纳言第四、察疑第五、治人第六、举措第七、考黜第八、治军第九、赏罚第十、喜怒第十一、治乱第十二、教令第十三、斩断第十四、思虑第十五、阴察第十六、将苑之兵权篇、将苑之逐恶篇、将苑知人性篇、将苑之将才篇、将苑之将器篇、将苑之将弊篇。

五丈原 古战场，位于陕西宝鸡岐山境内。五丈原南靠秦岭，北临渭水，东西皆深沟。三国时期，诸葛亮屯兵五丈原与曹魏统帅司马懿隔渭河对阵，后因积劳成疾病逝于五丈原，五丈原由此闻名于世。

■ 诸葛亮排兵

■诸葛亮观战

作为诸葛亮二十几年来军事实践、治国安邦的经验的集大成者，《兵法二十四篇》是军事战略与战术相结合的军事著作，这部兵书集中演绎了兵圣孙武的"兵者国之大事，上下同心；上兵伐谋，其次伐交"的军事思想，也有名将吴起"图国、励士、料敌"的具体战术。

此外，还有将领在军队中的地位、作用、品格和领兵作战时应该注意的问题等，堪称是一本"将领圣经"。

阅读链接

在诸葛亮给后主刘禅上疏的奏章中，以《出师表》为代表，《前出师表》写于建兴五年，当时，蜀汉已从刘备殂亡的震荡中恢复过来，蜀汉外结孙吴，内定南中，励精图治，兵精粮足。诸葛亮认为已有能力北伐中原，实现刘备匡复汉室的夙愿，他遂给刘禅上了这张表。表文表达了自己审慎勤恳、以伐魏兴汉为己任的忠贞之志和诲诚后主不忘先帝遗愿的孜孜之意，情感真挚，文笔酣畅。

《后出师表》写于建兴六年诸葛亮二次伐魏前。此表向后主阐明北伐不仅是为实现先帝的遗愿，也是为了蜀汉的生死存亡，不能因"议者"的不同看法而有所动摇。表中充溢着强烈的贞烈之气。

集群书而撰《三十六计》

三十六计又称"三十六策"，是指古代三十六个兵法策略，"三十六计"一语源于南朝宋将檀道济。《南奇书·王敬则传》这样记载：

檀道济像

> 檀公三十六策，走为上计，汝父子唯应走耳。

大致意思是败局已定，无可挽回，唯有退却，方是上策。

南朝宋时期，檀道济出生于京口一个贫寒家庭，雪上加霜的是，在檀

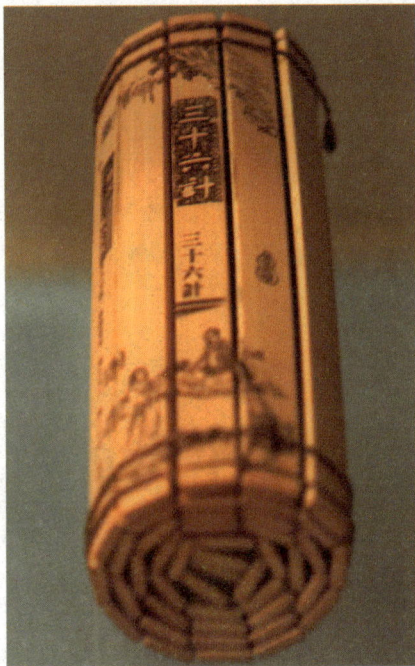

■ 竹简书《三十六计》

刘裕（363—422），字德舆，小名寄奴，祖籍彭城绥舆里。南北朝时期的政治家、改革家、军事家，是刘宋开国之君。刘裕曾两度北伐，收复洛阳、长安等地，功勋卓著。

道济很小的时候，父母就先后离世，他跟着哥哥和姐姐长大，哥哥和姐姐对他很好，他也和哥哥姐姐相处得非常好。

在颠沛流离中，檀道济终于长大成人，长大后的檀道济文武双全。宋武帝刘裕创业之初，檀道济成为刘裕的建武将军参军事、转授征西将军参军事。后因战功赫赫，被授官为辅国参军、南阳太守。又因为帮助刘裕扩大势力建有功勋，被封为吴兴县五等侯。

檀道济是个宅心仁厚之人，公元416年，刘裕北伐，檀道济被封为冠军将军，担任先锋从淮河、淝水出发，所到各城都纷纷投降。攻克许昌时，俘获后秦宁朔将军、颍州主守姚坦，以及大将杨业。

利用军威大振之机，檀道济率军急行，一路上，大军势如破竹，攻下阳城、荥阳、下皋等城池，最后会同其他部队，四面环攻洛阳。洛阳守将姚洗孤军难守，只得开城门率4000兵卒出降。

对这些俘虏，有些将领纷纷主张杀掉，以壮军威，但檀道济却不同意，他说："王师北征是为了惩罚有罪之人，怎能枉杀？"他下令将俘虏全部放掉，让他们回归乡里，并告诫晋军入城后要严明纪律，不得扰民。

宋文帝统治时期，北魏侵入宋的北部边界，相继攻下洛阳、虎牢等地。为解除北魏对宋的威胁，公元403年，宋文帝命檀道济统军北伐。宋军先锋进军河南，收复洛阳、虎牢等地。但很快，北魏太武帝亲自率军反击，击溃了宋军，刘宋前线部队一片混乱，很多地方纷纷失守，退驻滑台。

第二年一月，檀道济率师前往救援滑台，在军队到达山东寿张附近时，遇到了魏军。檀道济领军奋勇作战，大破魏军，并乘胜北进，20天后，大军进抵山东历城。魏大将叔孙建一面督军正面迎击，一面派轻骑绕到檀道济军队的后面，成功焚烧了宋军的粮草。

檀道济的将士虽然英勇善战，但是被魏军来了个釜底抽薪，断了军粮，这样就没法维持下去了。檀道济准备从历城退兵。

宋军中有一些兵士逃到魏营投降。他们把宋军缺粮的情况告诉了北魏的将领。北魏统帅叔孙建派出大军把已经拔营正在退却的宋军围困起来。

宋军将士看到大批魏军围上来，都有点害怕，有的兵士偷偷逃跑了。檀道济临危不乱，他不慌不忙地命令将士就地扎营休息。

当天晚上，宋军军营里灯火通明。檀道济亲自带领一批管粮的兵士在一个营寨里查点粮食。

其中有些兵士拿着竹筹唱着计数，

出谋划策

实战经验

洛阳 又称雒阳、雒邑，我国四大古都之一，有东周、东汉、曹魏、西晋、北魏等朝代在此定都，有"十三朝古都"之称。洛阳位于洛水之北，水之北乃谓"阳"，故名洛阳。洛阳地处中原，境内山川纵横，有"河山拱戴，形势甲于天下"之说，是中华文明和中华民族的主要发源地之一。

■ 北魏青釉武士俑

兵家韬略

兵法谋略与文化内涵

■ 蜡像《定都盛乐》

竹筹 也称算筹，古代一种计算用具，是一根根同样长短和粗细的小棍子，一般长为13厘米至14厘米，径粗0.2厘米至0.3厘米，多用竹子制成，也有用木头、兽骨、象牙、金属等材料制成的，大约二百七十枚为一束，放在一个布袋里，系在腰部随身携带。需要记数和计算的时候，就把它们取出来。

还有兵士用斗子在量米。其实檀道济在营里量的并不是白米，而是一斗斗的沙土，只是在沙土上覆盖着少量白米罢了。

北魏的探子偷偷地向营里窥探，他们见到一只只米袋里面都是雪白的大米。他们马上把这个消息报告给魏军将领。说檀道济营里军粮还绰绰有余，要想跟粮草充足的檀道济决战，只怕是胜少败多。

魏将信以为真，以为前面来告密的宋兵是假投降，来诱骗他们上当的，就把投降的宋兵全部杀了。

天色发白的时候，檀道济命令将士顶盔披甲，自己穿着便服，乘着一辆马车，大模大样地沿着大路向南转移。

魏将安颉等人被檀道济打败过多次，本来对宋军有点害怕，再看到宋军从容不迫地撤退，不知道他们在哪儿埋伏了多少人马，不敢追赶。

就这样，檀道济靠他的镇静和智谋，保全了宋军，使宋军安全地回师。以后，北魏也没敢轻易进攻宋朝。

此次北伐，檀道济虽然没有取得完全胜利，但在四面遇敌、军粮已断的危急情况下，镇定自若，全军而返，也是难能可贵的。这也是"三十六计，走为上策"的具体体现。

"檀公三十六策，走为上计"，此语后人竞相沿用，最后演变成了"三十六计，走为上计"。明末清初，引用"三十六计，走为上计"的人越来越多，于是有人采集群书，编撰成《三十六计》。

《三十六计》是根据古代卓越的军事思想和丰富的斗争经验总结而成的兵书，书中多处引证了宋代以前的战例和孙武、吴起、尉缭子等兵家的精辟语句。

它以《周易》为依据，根据研究其中的阴阳变化，推演出一套适用于兵法中的刚柔、奇正、攻防、主客、劳逸等对立统一的规律。

全书共36计，引用《周易》27处，涉及64卦中的22个卦。原书按计名排列，共分六套，即胜战计、敌战计、攻战计、混战计、并战计、败战计。

前3套是处于优势所用之计，后3套是处于劣势所用之计。每套各包含6计，总共36计。

三十六计的第一套"胜战计"包括：瞒天过海、围魏救赵、借刀杀

出谋划策

实战经验

北魏陶武士俑

人、以逸待劳、趁火打劫、声东击西。

　　第二套"敌战计"包括：无中生有、暗渡陈仓、隔岸观火、笑里藏刀、李代桃僵、顺手牵羊。

　　第三套"攻战计"包括：打草惊蛇、借尸还魂、调虎离山、欲擒姑纵、抛砖引玉、擒贼擒王。

　　第四套"混战计"包括：釜底抽薪、混水摸鱼、金蝉脱壳、关门捉贼、远交近攻、假道伐虢。

　　第五套"并战计"包括：偷梁换柱、指桑骂槐、假痴不癫、上屋抽梯、树上开花、反客为主。

　　第六套"败战计"包括：美人计、空城计、反间计、苦肉计、连环计、走为上。

■ 空城计

这些计策有些来源于历史典故，有些来源于古代军事术语，有的来源于古诗句，有的借用成语。

其中每计的解说，由攻防、彼己、虚实、主客等对立转化的思想推演而成，含有朴素的古代军事辩证法，体现了极强的辨证哲理，蕴含着丰富的智慧，精练概括了历代智慧谋略的精华，是古代兵家计谋的总结和军事谋略学的体现。

比如，"瞒天过海"的计策就是故意一而再、再而三地用伪装的手段迷惑、欺骗对方，使对方放松戒备，然后突然行动，从而达到取胜的目的。

再如，"围魏救赵"是指当敌人实力强大时，要避免和强敌正面决战，应该采取迂回战术，迫使敌人分散兵力，然后抓住敌人的薄弱

欲擒故纵之诸葛亮七擒孟获

环节发动攻击，置敌于死地。

《三十六计》集历代"韬略""诡道"之大成，被兵家广为援用。《三十六计》中的很多内容广为吟诵，妇孺皆知，以其通用性和实用性，被广泛应用于社会、军事、商业以及人生的各个方面，为其他兵书所望尘莫及。

阅读链接

三十六计是古代兵家计谋的总结和军事谋略学的宝贵遗产，为便于人们熟记这三十六条妙计，有位学者在三十六计中每计取一字，依序组成一首诗：金玉檀公策，借以擒劫贼，鱼蛇海间笑，羊虎桃桑隔，树暗走痴故，釜空苦远客，屋梁有美尸，击魏连伐虢。

全诗除了檀公策外，每字包含了三十六计中的一计，依序为：金蝉脱壳、抛砖引玉、借刀杀人、以逸待劳、擒贼擒王、趁火打劫、关门捉贼、浑水摸鱼、打草惊蛇、瞒天过海、反间计、笑里藏刀、顺手牵羊、调虎离山、李代桃僵、指桑骂槐、隔岸观火、树上开花、暗度陈仓、走为上、假痴不癫、欲擒故纵、釜底抽薪、空城计、苦肉计、远交近攻、反客为主、上屋抽梯、偷梁换柱、无中生有、美人计、借尸还魂、声东击西、围魏救赵、连环计、假道伐虢。

李靖著《李卫公问对》

公元571年，李靖出生于一个官宦人家。他的祖父李崇义曾任殷州刺史，后封永康公。他的父亲李诠曾担任隋朝的赵郡太守。李靖长得仪表魁伟，一表人才。

由于受家庭的熏陶，李靖从小就很有"文武才略"，又颇有进取之心，一次，他对父亲说："大丈夫如果遇到圣明的君主和时代，应当建立功业求取富贵。"他的舅父韩擒虎是隋朝名将，每次与他谈论兵事，无不拍手称绝，并抚摩着他说："可与之讨论孙、吴之术的人，只有你啊。"那时，李靖只有20岁。

隋文帝后期，李靖开始进入

李靖彩像

唐高祖李渊画像

仕途，先任长安县功曹，后历任殿内直长、驾部员外郎。他的官职虽然卑微，但其才干却闻名于隋朝公卿之中，吏部尚书牛弘称赞他有"王佐之才"，左仆射杨素也抚着坐床对他说："你终当坐到这个位置！"

605年至617年，李靖任马邑郡丞，受太原留守李渊统辖。这时，由于隋炀帝的残暴统治，各地的反隋运动风起云涌。李渊也在太原起兵，并迅速攻占了长安。

李渊的儿子李世民非常赏识李靖的军事才能和过人的胆气，他说服李靖加入他的幕府，成为他的得力干将。

公元618年5月，李渊在长安称帝，建立唐朝，李世民被封为秦王。公元620年，李靖跟着秦王李世民东进，平定在洛阳称帝的王世充。在平定过程中，李靖表现出了卓越的军事才能，立下了赫赫战功，最后以军功授任开府。从此，李靖开始崭露头角。

盘踞在湖北江陵的梁王萧铣在李世民和李靖与王世充交战时，派军队溯江而上，企图攻取唐朝湖北宜昌峡州、巴、蜀等地，没想到却被陕州刺史许绍击退。

为了削平萧铣这一割据势力，李渊调李靖赴夔州

兵法谋略与文化内涵

尚书 我国古代官名，六部中各部的最高级长官，设置于秦朝，汉朝沿置。本为少府的属官，掌管文书及群臣章奏。汉武帝时以宦官担任，汉成帝改用士人。东汉政务归尚书，尚书令成为对君主负责总揽一切政令的首脑。魏晋以后，事实上即为宰相之任。

平定萧铣。李靖奉命，率数骑赴任，在途经陕西金州时，遭遇邓世洛率数万人屯居山谷间抗衡。庐江王李瑗率兵进攻，却遭到了惨败。

李靖积极为庐江王李瑗出谋划策，一举击败了蛮兵，并且俘虏很多士兵。李靖率兵顺利通过金州，抵达陕州。这时，由于萧铣控制着险塞，再次受阻，迟迟不能前进。在陕州刺史许绍的帮助下，李靖的部队得以进抵夔州。

李靖的部队开进夔州没多久，夔州就遭到了开州蛮人冉肇则率众进犯。李靖率800士兵袭击冉肇则营垒，将进犯的蛮兵打得大败。李靖又在险要处布下伏兵，一战而杀死冉肇则，俘获了5000多人。

当捷报传到京师时，唐高祖李渊立即颁下玺书，慰劳李靖说："卿竭诚尽力，功绩特别卓著。天长日久才发现卿无限忠诚，给你嘉奖赏赐，卿不必担心功名利禄了。"

公元621年正月，李靖鉴于敌我双方的情势，向李渊上陈了攻灭萧铣的十项计策，李渊高度赞扬了这十条计策。李靖组织人力和物力大造舟舰，组织士卒练习水战，做好下江陵的准备。

这年八月，李靖调集军队聚集于夔州。这时，适值秋天雨季，江水暴涨，流经三峡的江水咆哮狂奔而下，响声震撼着峡谷。萧铣望着滔滔江水，哈哈大笑，他以为水势汹涌，三峡路险难行，唐军不能东下，于是没有令士兵防备。

李靖的手下也大都望着滔滔的洪水而心生畏惧，他们建议李靖等洪水退后再进兵。李靖力排众议，大声说：

唐三彩武士俑

■ 战袍仪卫图

江陵 又名荆州城，位于湖北省中部偏南，地处长江中游，江汉平原西部，南临长江，北依汉水，西控巴蜀，南通湘粤，古称"七省通衢"。江陵的前身为楚国国都"郢"，从春秋战国到五代十国，先后有34代帝王在此建都，历时515年。至汉朝起，江陵城长期作为荆州的治所而存在，故常以"荆州"专称江陵。

"兵贵神速，机不可失。如今军队刚刚集结，萧铣还不知道，如果我们乘江水猛涨出师，顺流东下，突然出现在江陵城下，正是所说的迅雷不及掩耳，这是兵家上策。纵然萧铣得知我将出师的消息，仓促调集军队，也无法应战，这样擒获萧铣定可一举成功。"

李靖毅然下令军队渡水进击，载满将士的几千艘战船沿着三峡，冲破惊涛骇浪，顺流东进。萧铣毫无防备，等发现情况不妙时，李靖大军已经兵临城下，无奈打开城门投降。

623年7月，原投降唐朝的起义军将领杜伏威、辅公祏二人不和，辅公祏乘杜伏威入朝之际，占据丹阳，举兵反唐。李渊命李孝恭为帅，李靖为副帅，率李勣等七总管东下讨伐。

辅公祏派大将冯惠亮率3万水师驻守当涂，陈正道率2万步骑驻守青林，从梁山用铁索横亘长江，以阻断水路。同时，筑造建月城，绵延十余里，以为掎角之势。

李靖精辟地分析了敌我双方的形势，他对众人说："如果我军直奔丹阳，旬月之间都不能攻下而滞留在那里，前面的辅公祏没有平定，后边的冯惠亮也是一大隐患，这样我们就会腹背受敌。而如果我们进攻冯惠亮、陈正通的城栅，就可以打他个出其不意，消灭敌贼的机会，只在此一举。"

李靖运筹帷幄，判断准确，很快地平定了辅公祏的反叛。李渊十分钦佩李靖的军事才干，赞叹说："李靖乃萧铣、辅公祏的膏肓之病，古代名将韩信、白起、霍去病，没有一个能比得上李靖！"

公元629年，李靖又辅佐唐太宗李世民击败了北部突厥的进犯。回朝后，太宗擢任李靖为刑部尚书，不久转任兵部尚书。之后，李靖又取得了进攻吐谷浑之战的胜利。李世民又进封他为卫国公。

李靖用兵具有"临机果，料敌明"的特点，每

韩信（前231—前196），淮阴人，西汉开国功臣，我国历史上杰出的军事家，与萧何、张良并列为"汉初三杰"。作为统帅，在楚汉战争中，韩信发挥了卓越的军事才能，帮助刘邦取得了天下，被拜为相国。

■ 唐朝士兵俑

兵法谋略与文化内涵

次统兵出征，都能根据敌我双方的各种条件，制订周密的作战计划，进行全面的部署，作战时都能以谋略取胜，而且每次作战谋略都各有不同。

在李靖的戎马生涯中，他指挥了几次大的战役，均取得了重大的胜利，这不仅因为他勇敢善战，更因为他有着卓越的军事思想与理论。李靖根据一生的实践经验，写出了优秀的军事著作，《李卫公问对》虽然不是他亲笔所作，却是他兵法理论的结晶。

《李卫公问对》是以李世民和李靖问答的形式编著的。李世民雄才大略，智勇双全，精于战法，善于出奇制胜，每当临战总是身先士卒，统军驭将，恩威并用。他的用兵之道，在《李卫公问对》有所记载，李靖则是《李卫公问对》的答卷人。

《李卫公问对》共分3卷，共10300余字。全书涉及的军事问题广泛，既有对历代战争经验的总结和评述，又有对古代兵法的诠释和发挥。既讲训练，又讲作战。既讨论治军，又讨论用人。既有对古代军制的追述，又有对兵学源流的考辨，但内容主要是讲训练和作战，以及两者间的关系，中心围绕着奇、正论述问题。

上卷主要论述奇正、阵法、兵法和军队编制等问题。奇、正是我国古代军事理论中常用的概念。自黄帝以来的兵法都主张先正后奇。《孙子兵法》上说："凡战者，以正合，以奇胜"，又说"战势不过奇正，奇正之变，不可胜穷也"。此卷还对天、地、风、云、龙、虎、鸟、蛇八阵的名称提出了新的解释。

中卷主要论述如何戍守北边、训练军队、择人任势、增强部队的战斗力和排列营阵诸问题。

它发展了《孙子兵法》中关于虚实的思想。虚通常指劣势和弱点，实则指优势和强点。要识别虚实，必须先懂得奇正相生的方法。不懂得以奇为正，以正为奇，就不会了解虚是实，实又是虚。

懂得了奇正相生，就可以采取主动，用这一方法来调动敌军，从而摸透敌军的虚实，然后用正兵对抗敌军的坚实之处，出奇兵攻击敌军的虚弱之处。

下卷主要论述重刑峻法与胜负的关系，以及义利、主客、步兵对抗车骑、分合、攻守、阴阳术数、临阵交战和对兵法的理解等问题。

出谋划策

实战经验

唐代刀车

此卷强调用兵应处理好义和利的关系。要铲除大患，就不能顾虑小义。主客是既对立又统一的辩证关系，只有因时制宜，善于反客为主，变主为客，才能屡战屡胜。

此卷对攻守的论述是相当精辟的。它指出，进攻是防守的枢纽，防守是进攻的策略。进攻不仅仅是进攻敌城、敌阵，还必须攻敌之心。防守不只是守卫营阵壁垒，还必须保持我军的士气，等待战胜敌人时机的到来。

此外还指出，阴阳术数不可信，功成业就，事在人为。但同时，它又认为阴阳术数是不可废除的。

《李卫公问对》继承和发展了《孙子兵法》以来的军事思想，提出了一些独特的见解，发展了前人的一些光辉思想，自成一家之说，具有重要的学术价值。

兵法谋略与文化内涵

阅读链接

李靖用兵高瞻远瞩，而且讲究仁义。当李靖率领唐军逼迫萧铣投降唐军后，李靖率军进入城内。李靖的部下都以为萧铣的大将抗拒官军，罪大恶极，建议籍没其家财产，用以犒赏官军将士。没想到李靖立即出面劝止，晓以大义，说：

"王者之师，应保持抚慰人民，讨伐罪恶的节义。百姓已经饱受战乱之苦，抵抗作战难道是他们的愿望？为萧铣战死的人，死为其主，不能与叛逆者同等看待，这就是蒯通之所以在高祖面前免除死罪的原因啊。现在刚平定荆州、江陵，应当采取宽大的政策，来抚慰远近的民心，投降了我们而还要没收他们的家产，恐怕不是救焚拯溺的道义。只怕从此其他城镇的敌将，拼死抵抗而不降，这不是好的决策。"

李靖的这一做法颇得人心，其他州郡纷纷望风归附。萧铣投降几天之后，有十几万援军相继赶到，听说萧铣已经投降，李靖的政策宽大，也都放下兵器不战而降。

李筌著十卷《太白阴经》

唐玄宗时期，有个叫李筌的陇西人，他自小非常喜欢神仙之道，甚至到了痴迷的地步。为了让自己的修道成仙之梦不受打扰，李筌多年隐居于嵩山少室山。

唐玄宗李隆基画像

李筌经常游历名山，广泛采纳方术，来提高自己的修炼。机缘巧合，一天，李筌在嵩山虎口岩的石室里，发现了一本《黄帝阴符经》，素书朱漆，盛放在玉匣中，上题："太平真君二年七月七日上清道士寇谦之藏诸名山，用传同好。"

由于传本年代久远，

■ 唐将士出行图

兵家韬略
兵法谋略与文化内涵

甲子 干支之一，顺序为第一个。前一位是癸亥，后一位是乙丑。干支纪年或记岁时六十组干支轮一周，称一个甲子，共六十年。我国传统纪年农历的干支纪年中一个循环的第一年称"甲子年"。以下各个公元年份，年份数除以60余4，或年份数减3，除以10的余数是1，除以12的余数是1，自当年正月初一起至次年除夕止的岁次内均为"甲子年"。

已经糜烂，李筌将书的内容抄写下来，经常拿出来读一读，但读了有数千遍，始终没有明白其中的义理。

李筌没有办法，决定将此事先放一放，等以后再说。一次，他西游来到骊山，骊山又称"郦山"，是秦岭北侧的一个支脉，东西绵延20余千米，最高海拔约1.3千米，远望山势如同一匹骏马，故名"骊山"。

李筌正在欣赏骊山美丽景色时，迎面走来一个老妇人。只见这个老妇人头顶挽着高髻，四围之发下垂，穿着褴褛，手扶拐杖，其形貌和一般老妇有些不同。只见她坐在路旁看着野火燃烧着一棵树，自言自语地说："火生于木，祸发必克。"

李筌在一旁听后十分惊异，就接着问老妇人说："这是《黄帝阴符经》中的句子，老母是从哪里得来的？又提到它？"

老妇人回答说："我读此经已有三元六周甲子了，你是从哪里得到的？"李筌恭恭敬敬地向老母叩了两个头，告诉了他所得到这本书的时间和地点。

老妇人说："你这少年的颧骨贯穿于生门，而命门齐于日角，血脑未减，心影不偏，德贤而好法，神勇而乐智，可真称得上是我的弟子呵！然而，你四十五岁的时候当有大难。让我救你于危难吧！"于是，拿出丹砂书写符箓一道，挂在拐杖一端，让李筌跪下接受了这道符。

做完这些后，老妇人坐在一块大石上，给李筌讲述了《黄帝阴符经》的义理：

> 《阴符经》总三百字，一百字演说道，一百字演说法，一百字演说术；上有神仙抱一之道，中有富国安民之法，下有强兵战胜之术，都是内出心机，外合人事，观其精微，黄庭八景不足以为玄；察其至要，经传子史不足以为文；任其巧智，孙吴韩白不足以为奇，非有道之士，不可使闻之。故智人用之得其通，贤人用之得其法，正人用之得其术，识分不同也。如传同好，必请斋诚而授之，有本者为师，无本者为弟子也。不得以富贵为重，贫贱为轻，违者夺纪二十本命，日诵七遍益心机加年寿，每年七月七日写一本藏于名山石岩中，得加算久之。

说完这些后，老妇人说道："现在时间已到申时了，我的麦饭已经做好，

丹砂 即朱砂，又称辰砂、丹砂、赤丹、汞沙，是硫化汞的天然矿石，大红色。朱砂古时称作"丹"。东汉之后，为寻求长生不老药而兴起的炼丹术，使人们逐渐开始运用化学方法生产朱砂。朱砂粉末呈红色，可以经久不褪。朱砂通常做颜料，我国利用朱砂做颜料已有悠久的历史。

出谋划策

实战经验

■ 唐代士兵画像

■ 唐朝仪仗队塑像

儒家 又称儒学、儒家学说，或称儒教，是奉孔子为先师，以"儒"为共同认可符号，各种与此相关、或声称与此相关的思想道德准则，是中华文明最广泛的信仰构成。春秋战国时期，孔子在鲁国讲学，以"诗、书、礼、乐、易、春秋"之六经为经典，奠定了儒家的最早起源。

我们同吃吧。"

说完，老妇人从袖里取出一个瓢，让李筌到山谷中去取水，舀满了，瓢忽然重有100多斤，再努力往上拿，就是拿不上来，最后沉到泉中去了。

李筌沮丧地返回来，却发现老妇人已经不见了，在原处只留下一些麦饭。李筌没有多想，他把这些麦饭吃了下去，令他感到奇怪的是，从此他再也没有饥饿感了，也就不再吃饭了。李筌将事情前前后后想了一通，最后认定这个神秘的老妇人就是传说中的骊山老母。

李筌细细回想老妇人所讲的《阴符经》义理，再结合自己所得的《黄帝阴符经》的内容，日夜咀嚼，不知过了多少个时日，在一个寂静的晚上，他终于将这部《黄帝阴符经》融会贯通，并且明白了其中的义理精髓。

李筌决定结束隐居生活，走出少室山，为造福天下百姓贡献自己的力量。

唐玄宗开元年间，即公元713至741年，李筌被任命为江陵节度副使、御史中丞。任职期间，李筌尽职尽责。当时，朝廷奸臣当道，奸相李林甫排除异己，大肆陷害忠臣。

李筌见难以施展自己的才智，急流勇退，遂辞官离去。辞官以后，李筌重新隐居起来，他把精力放在了著述和访道上。

李筌有将才大略，他作了《太白阴经》十卷，又作了《中台志》10卷。《太白阴经》又叫《神机制敌太白阴经》。古人认为太白星主杀伐，因此多用来比喻军事，《太白阴经》的名称由此而来。

《太白阴经》内容较为丰富，共分十卷100篇，十卷分别是：人谋、杂仪、战具、预备、阵图、祭文、捷书、药方、遁甲、杂式。

《太白阴经》博采道家、儒家、法家、兵家军事理论之长，又具有独到的见解，它最大的特点是在编

太白星 即金星，太阳系中接近太阳的第二颗行星，也是各大行星中离地球最近的一个。我国古代把金星叫作太白星，早晨出现在东方时叫启明，晚上出现在西方时叫长庚。

109

出谋划策

实战经验

■ 唐代士兵

唐代彩绘武士俑

李筌 道教思想理论家，政治军事理论家，隐士，号达观子。少年时喜好神仙之道，曾经隐居于嵩山的少室山多年。713年至741年间，任江陵节度副使、御史中丞（一说为荆南节度判官，一说为荆南节度使、仙州刺史），杜光庭《神仙感遇传》中说道："时为李林甫所排，位不大愿意，入名山访道，后不知其所也"。

撰体例上有所创新，它已经把对战争和军事侧重与理论的综合研究，分解为诸多专题进行分门别类上的研究。

李筌在充分继承前人兵论成果的基础上，结合唐代军事发展的实际情况，对古代战争、国防、治军、作战等重大军事问题，都进行了较为深刻系统的论述，并对某些问题的阐述作了创新性发展。

关于战争，李筌强调政治高于军事，以政治争取到不战而胜乃为最上策。主张以政治手段解决问题，避免流血发生，具有一定的社会意义。

在决定战争胜负的因素上，《太白阴经》的一个重要观点是战争的胜负取决于"人事"，即取决于人的主观努力，而不依靠阴阳鬼神。此外，战争的胜利还取决于君主的"仁义"以及国家的富强。

李筌还进一步分析，国家的强与弱、富与贫，并不是固定不变的，只要执政者实行符合客观实际的方针政策，真正做到"乘天之时，因地之利，用人之力，乃可富强"。

李筌对此进一步解释，指出：所谓"乘天之时"并非坐等天道恩赐，而是指不违时，做到"春植谷，秋植麦，夏长成，冬备藏"，尽量发挥人在四季生产中的作用。

所谓"因地之利"，并非专靠土地的肥沃和地形的险要，而是指要积极"饬力以长地之财"，调动全国各地的物力，做到物尽其用；而要使"器用备"，只有"地诚任，不患无财"；做到"商旅备"，就能"以有易无"，活跃市场经济。

所谓"用人之力"，是指要充分调动人们的生产积极性，发挥劳动者的主观能力作用，去创造社会物质财富，防止人们因懒惰和奢侈所造成的贫困落后局面。

另外，《太白阴经》对军仪典礼、各类攻防战具、驻防行军等各项准备事宜、战阵队形、公文程式和人马医护、物象观测等，也作了具体论述。其中突出的是对各种兵器、攻守城器械、城防设施论述更为详尽。

这些内容基本是综合前代兵书典籍及有关著作写成，且有所阐发，其中存录了不少有价值的军事资料。《太白阴经》由此被后人所重视，有多种刊本问世。

阅读链接

李筌对道教和法家思想深信不疑，他的理论基本上以道家学说为核心，并很好地融合了法家、兵家的思想，进而构造出自己的思想体系。

在个人修道方面，李筌认为"抱一"就是"复本""本"是最高的"道"，为"至道"。"抱一复本"就是体认、领悟"至道"的性质和功用，从而与"至道"融为一体。他强调修道者一定要了解"至道"，主张人们应该动用道教的方术，以灵明心通晓"盗机"之方法，将自己炼就成无味无觉却又像逐渐生长的婴儿一样，最终与"至道"合一，就可以穷达本源，掌握宇宙，逍遥成仙。在国家管理方面，李筌主张"以名法理国"，提倡"法治"，做到"按罪而制伏，按功而行赏""赏无私功，刑无私罪"，同时要明法审令，不卜筮而事。

军事百科的《武经总要》

曾公亮半身像

宋咸平二年，即公元999年，曾公亮出生于一个显赫的官宦世家。很小的时候，曾公亮就表现出与众不同来。与大多数孩子不同，他相貌奇特，器宇不凡，更为可贵的是，他有着远大的抱负。

1022年，23岁的曾公亮代表家族晋京祝贺仁宗登基。宋仁宗十分高兴，授当时还没有功名的曾公亮为大理评事。

没想到，曾公亮立志从正途出仕，不愿意走家族荫蔽之路，因此，没有去赴任。

1024年，曾公亮考中进士甲科第五名，被任命为越州会稽知县。为官一任，造福一方，曾公亮谨记这个为官准则，任上尽职尽责，克己奉公。

1028年，他治理镜湖，想办法使滔滔湖水泄入曹娥江，使湖边民田免受了洪涝之苦。

由于政绩卓著，几年后，曾公亮被晋升，入京任国子监直讲，后改作诸王府侍讲。不久，升任集贤殿校理、天章阁侍讲、知制诰兼史馆修撰。

1048年，宋仁宗下诏，让官吏献言献策，振兴大宋朝。曾公亮积极上疏，他条陈六项举措，都是针对当时积弊所发的改革建议，深得仁宗的赏识。

1056年，曾公亮升任吏部侍郎，同中书门下平章事，集贤殿大学士，与宰相韩琦共同主持朝中政事。

曾公亮不但勤于政事，而且十分重视边防和军事建设。曾公亮曾熟读兵书，对军事理论有着高深的见解。他曾针对时弊提出"择将帅"以加强武备的主张。他说：

　　择将之道，唯审其才之可用，不以远而遗，不以贱而弃，不以诈而疏，不以罪而废。

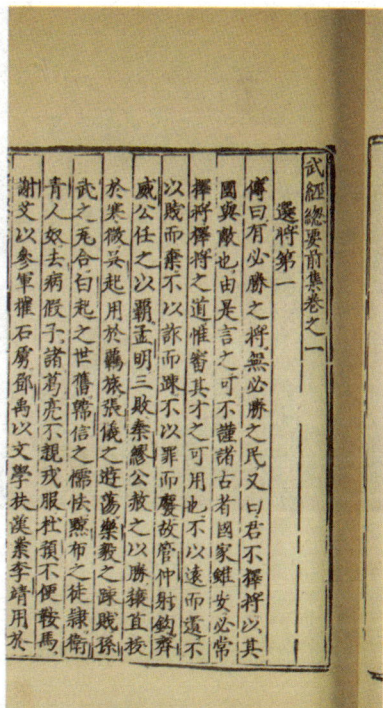

■《武经总要》

进士　我国古代科举制度中，通过最后一级考试者。"进士"意为可以进授爵位之人。这个称呼始见于《礼记·王制》。元、明、清时，进士分为三甲：一甲3人，赐进士及第；二、三甲，分赐进士出身、同进士出身。

■ 赵匡胤画像

他认为造成将领不称职的原因，并非没有将才，而是挑选将领时没有要领，使人人不能尽其才。他建议选将必先试其才，所试有效，方给显官厚禄以重其任，然后委其命而勿制约，用其策而无怀疑。

正是由于曾公亮熟谙军事理论，对军史有着较深的研究，宋仁宗才命他和端明殿学士、工部侍郎丁度主编一部兵书。兵书定名为《武经总要》。

实际上，《武经总要》的编撰与当时统治者的统治思想有着紧密的关系，公元 960 年，原五代时期后周殿前都点检赵匡胤发动著名的"陈桥兵变"，黄袍加身而做了北宋的开国皇帝，即宋太祖。

赵匡胤靠掌握禁军起家，又是以兵变方式夺得政权，因此深知掌握军队的重要。他当了皇帝以后，一方面想方设法陆续解除了一些带兵老部下的军权，另一方面加紧了朝廷对国家主力军禁军的直接控制，抑制和改变了唐朝以来地方藩镇割据的局面，同时加强了国家对武器制造业的集中管理。

北宋王朝在国都汴京建立了大规模的兵器生产作坊，即南、北作坊，又建立了弓弩院，专门生产各类刀枪甲具和远射兵器。

太祖赵匡胤亲自督查兵器作坊武器的生产情况，

端明殿学士 官名。后唐天成元年始置，以翰林学士担任，掌进读书奏。宋沿置，由久任学士大臣担任，元丰改制后，并以执政官担任，无职掌，仅以入侍从备顾问。

工部 我国封建时代中央官署名，为掌营造工程事项的机关，是六部之一，六部是吏、户、礼、兵、刑、工部。工部长官称为工部尚书，曾称冬官、大司空等。

975年，他每隔十天便查核一次各种兵器的质量。最高统治者的高度重视，使得当时的军械生产水平有了很大提高，南、北作坊的武器年产量达3万多件。

到了宋仁宗赵祯统治时期，为了防止武备松懈，将帅"鲜古今之学"，不知古今战史及兵法，所以才令精通军事历史的吏部侍郎曾公亮和工部侍郎参知政事丁度等人，编撰一部内容广泛的军事教科书。这就是《武经总要》。

曾公亮和丁度领命后，着手开始进行这项划时代的编撰工作。编撰工作开始于1040年，历时四年，于1044年完成。

曾公亮文采斐然，写了很多作品，除参与《武经总要》编撰外，还参加了《英宗实录》《元日唱和诗》《勋德集》《演皇帝所传风后握奇阵图》和《新唐书》的编撰。其中《武经总要》是曾公亮著作中最有建树的军事著作。

宋仁宗对这部兵书的编撰十分重视，在《武经总要》编撰完成后，亲自核定，然后又为此书写序言。

吏部 我国古代官署。吏部掌管全国官吏的任免、考核、升降、调动等事务。下设四司：明清为文选清吏司、验封司、稽勋司和考功司。文选清吏司掌考文职之品级及开列、考核、办理月选。验封司掌封爵、世职、请封、捐封等事务。稽勋司掌文职官员守制、办理官员之出继、复姓等事。考功司掌文职官之处分及议叙，办理京察、大计。

■ 宋朝战争壁画

兵家韬略

兵法谋略与文化内涵

■ 宋朝战争壁画

占卜 古代人们借助龟壳、铜钱、竹签等物品来推断未来吉凶祸福的一种手法。由于古代原始民族对于事物的发展缺乏足够的认识，因而借助自然界的征兆来指示行动。但自然征兆并不常见，必须以人为的方式加以考验，占卜的方法便随之产生了。

《武经总要》是曾公亮和丁度等人根据前人有关研制火药、火器的经验，总结整理写出的，全书共40卷，分前后两集。每集20卷。

前集的前半部分介绍古今战例，后半部分介绍阴阳占卜。

前集的20卷详细反映了宋代军事制度，包括选将用兵、教育训练、部队编成、行军宿营、古今阵法、通信侦察、城池攻防、火攻水战、武器装备等，特别是在营阵、兵器、器械部分，每件都配有详细的插图，这些精致的图像使得当时各种兵器装备具体形象地展现出来，是关于古代兵器的极宝贵资料。

在前集的第十一和十二卷中，记录了引火球、蒺藜火药、毒药烟球3种火药配方。从这种火药配方中的组配比率看，已同后来的黑色火药相接近，具有爆破、燃烧、烟幕等的作用。这是世界上最早的火药制造配方，它被军事家们制成了火器应用于古代战争。

此外，书中还记载了我国制成的第一批军用火器。当时制造的火器，主要是火球类和火箭类。火球类分火火球、引火球、蒺藜火球、霹雳火球、烟球和毒药烟球等8种；火箭类有普通火箭和火药鞭箭两种。

后集20卷辑录有历代用兵故事，其中保存了不少古代战例资料，分析品评了历代战役战例和用兵得失。

《武经总要》强调《孙子兵法》等兵书中用兵"贵知变""不以冥冥决事"的思想，书中还十分注重人在战争中的作用，主张"兵家用人，贵随其长短用之"，注重军队的训练，认为没有胆怯的士兵和萎顿的战马，只是因训练不严而使其然。

《武经总要》的产生并流传，对后世产生了深远的影响，它为古代军事百科全书的编撰树立了典范，成为后世编撰军事百科全书的典范之作。书中相当一部分的内容，被《武编》《兵录》《登坛必究》《武备志》等军事百科全书所转录吸纳与融合。

出谋划策

实战经验

■ 宋朝战争壁画

兵家韬略

兵法谋略与文化内涵

■ 杨业发兵幽州救主

《**武备志**》明代大型军事类书，是我国古代字数最多的一部综合性兵书。明代茅元仪辑，240卷，文200余万字，图738幅，有明天启元年本、清道光中活字排印本。

《武经总要》也为兵要地志的研究和著述开了先河。在《武经总要边防》5卷中，兵要地志的内容充满于字里行间，这为后世相关著述提供了极好的参考和借鉴。

还有，《武经总要》在论述攻城、守城、火攻、水攻、水战及陆战中所用战车，战船和各种战具时，首次绘制了150多幅古朴的图形，为研究宋代和宋代以前的军事技术，提供了十分可贵的资料。

阅读链接

曾公亮为人耿直，他对邻国的无端生衅，总是针锋相对，寸步不让。在宋英宗统治时期，一次，契丹有信使贺来，按照惯例，朝廷应在紫宸殿赐宴迎接。但是当时英宗恰好身体有病，就命曾公亮前往驿馆设宴欢迎这名信使。契丹使者认为这是破坏惯例，有失他们的尊严，因此不愿即席。

曾公亮毫不客气地说："赐宴不赴，是对君命的不诚！人主不愈，要求其必亲临，居心何在？"使者听了这入情入理的话，无言可答，只好乖乖就席。还有一次，公元1074年春，契丹派遣使者萧禧来传信："代北对境有侵地，请遣使来共同分画。"闻听后，曾公亮在给神宗的疏奏中说道："乞选将帅，整兵以待敌。"意思是挑选将帅，准备好精兵随时给挑衅者以迎头痛击。

守城制械专著《守城录》

《守城录》书影

　　公元1072年的一个夜晚，随着"哇"的洪亮的哭声，一个男孩降生于密州安丘一个普通人家，这家主人姓陈，男孩被取名陈规。陈规自小聪明好学，尤其喜欢军事，遍读古代各种兵书。

　　陈规的仕途不甚顺利，1126年，已经50多岁的陈规以通直郎知德安府安陆县事，简单说，就是这一年才当上安陆县令。意外的是，还没等坐热知

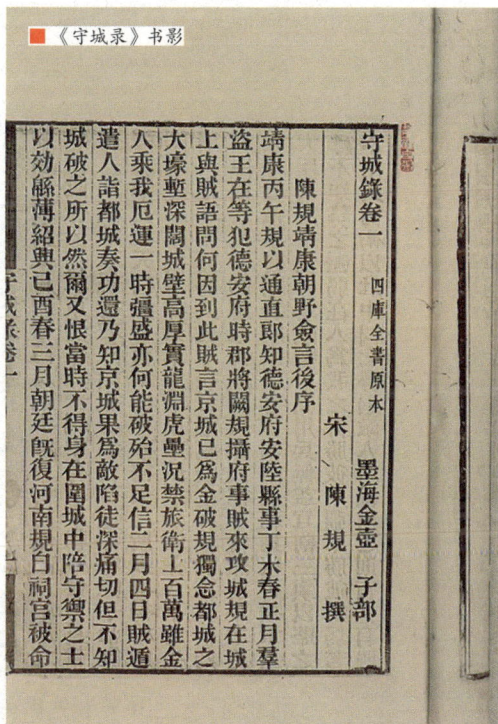

兵家韬略

兵法谋略与文化内涵

■ 复原后的宋朝操
练场地

节度使 我国古代
官名，指地方军
政长官。设立地
方军政长官是从
唐代开始的。因
受职之时，朝廷
赐以旌节，故称
节度使。节度使
成为固定职衔是
从公元711年4月
以贺拔延嗣为凉
州都督充河西节
度使开始的。

县宝座，入侵的金兵就来到了眼前。

这一年，入侵的金兵杀死了镇海军节度使刘延庆，刘延庆的部下祝进、王在不但不组织将士反抗，反而率兵仓皇逃走，更为可气的是，他们还做了盗贼。

祝进和王在率兵攻打德安府，德安府的太守弃城逃跑，当地的老百姓一致拥戴陈规，恳请他担任太守来执掌政事。陈规全力加强城防，改造城池，创制长竹竿火枪，改进抛石机，率领军民坚守德安城。

陈规亲自指挥作战，连战连胜，使敌人大败，王在与祝进两个人非常害怕，带着残兵败将逃走。

1127年，陈规官至龙图阁直事，德安府知府。李孝义、张世带领步兵数万人逼近城下，宣称接受招安。陈规做事谨慎，他亲自登上城楼观察敌人营垒，回来后对部下说："这是诈降，立刻准备迎战。"

到了半夜的时候，李孝义的军队突然把城围了个水泄不通，由于事先做好了准备，陈规指挥将士把敌人打得狼狈逃窜，大败而归。

陈规用兵很讲究策略，能够因事因人不同而采取不同的方法。有一次，贼寇杨进率领一部分人来犯，陈规的军队与他们相持十几天没有开战。

因粮草接济不上，军心不稳，杨进黔驴技穷了，他带着100多人到达濠上向陈规求和。这时，陈规亲自出城。他拉着杨进的胳膊和他交谈，杨进大为感动，他折断箭柄，向陈规发誓永不来犯。

陈规立了一系列战功，被擢升为秘阁修撰，不久又升为德安府、复州、汉阳军镇抚使，后又升为徽猷阁待制。

有一次，李横率重兵来围德安城，并且修造天桥，填平壕沟，击鼓进兵，逼近城下。陈规发动百姓，军民联手共同抵御。面对损伤惨重的局面，陈规依然面不改色，显示出了作为将领的超人气魄。

被围困得久了，城中粮食殆尽，陈规就拿出自己家的粮食分给军队，士兵们非常感动，因而士气大

龙图阁　宋代阁名，是宋真宗纪念宋太宗的专门宫殿，位置在开封宫城，公元998年至1003年建，主要收藏宋太宗御书、御制文集、各种典籍、图画、宝瑞之物，以及宗正寺所进宗室名籍、谱牒等。曾先后配置待制、直学士、直阁等官。

■ 宋朝操练士兵

操练士兵场景

兵家韬略

兵法谋略与文化内涵

濠桥 古代攻城渡濠的器具。宋代濠桥的长短以濠为准，桥下面有四个大轮，前面两个大轮，后面是两个小轮，推入濠中，轮陷则桥平可渡。如果濠宽阔，则用折迭桥，就是把两个濠桥接起来，中间有转轴，用法也相同。

振。恰在此时，李横令人修建的准备攻城用的濠桥出了故障，陈规抓住大好时机，他亲自带领人手持火枪从西门杀出，设法烧毁了濠桥。

陈规又派人将城里的老牛全部牵到军中，让人在每头牛的牛尾绑上易燃的芦苇，在牛角上缚上兵刃。一天夜间，陈规令人将这些牛全部放出城，在出城之前，点染牛尾上的芦苇草。顿时，无数的火牛冲向城外。

李横精心营造的各种设施，顷刻间化为灰烬。李横的军队死伤无数，不战自败。德安城转危为安。

德安曾受乱军九次侵犯，陈规率军"九攻九拒，应敌无穷"。当时，在金军大举进攻下，中原各郡全部陷于金军之手，唯有德安城仍然固守在宋军之手。

陈规被调任顺昌府知府，在顺昌，陈规修整城墙，招募流亡兵士，组织抗金力量。一天，有人来报说有金兵来犯。陈规和将领刘锜一同登城布置军事，分别命令各位将领守卫四门，并且明确地指示有关人员，招募当地人作为向导和间谍。

布置完毕以后，金兵的游骑兵已经逼近城下了。时间不长，金兵将领带着重兵连续不断地在城下集合。陈规指挥守城将士击退了金兵的首波攻击。

陈规认为："敌人的意志屡次受挫，一定会想出奇巧来围困我们，不如我们派潜兵去扰他们的营垒，使敌人昼夜不得休息，这样我们就可以养精蓄锐了。"

陈规主义已定，果断组织人马奇袭金军营寨，金军被拖得疲惫不堪。金兵赶紧向大帅兀术告急，请求援兵。不久，兀术带兵来增援，并且亲自巡视地形。不久，金兵数十万猛烈攻城，兀术亲自率领浮屠军3000人左右游击。

陈规与刘锜在城墙上来回巡视军情，勉励士气。这个时候，正赶上酷暑炎炎的盛夏，陈规下命令：每天清晨，天气比较凉爽的时候，坚守城门，闭门不出。等看到金兵在烈日中暴晒已久，一个个气力疲乏，无精打采时，再出兵厮杀。这样以逸待劳，最终取得了这次战斗

宋朝武士塑像

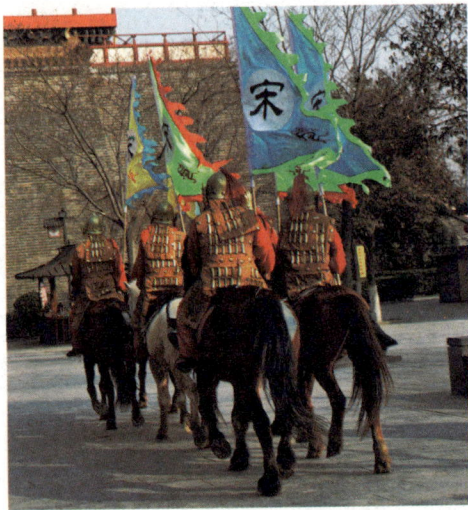

的胜利。

宋朝的精锐骑兵

陈规熟读兵书，军事造诣精深，在德安和顺昌时，他撰写了《靖康朝野佥言后序》和《守城机要》各一卷，沉痛总结了开封失陷和坚守德安的经验，并充分阐述了他的军事理论。

《守城机要》又名《德安守城录》，简称《守城录》。1172年，皇上下诏刻印陈规所著的《德安守城录》颁行天下，作为其他将领的参考和借鉴。

《守城录》全书由3部分组成，分别是陈规的《靖康朝野佥言后序》《守城机要》和汤璹的《建炎德安守御录》。

汤璹字君宝，曾任德安府学教授、国子博士、大理寺少卿等职，所著《建炎德安守御录》分上、下卷，追述了陈规固守德安之事。

《守城录》3部分原各自成帙，宁宗以后合为一书，刊行于世。《守城录》属于城防专著，是陈规的军事理论和守城的经验结晶。其精粹集中在城池建筑、守城器械的制造与使用、守城的战法等方面。

陈规队为，宋军之所以弃地失城，全在于统兵者守御之术不善，有炮而不善用袍，更不善于以炮御炮。因此，开封的失陷在于守城者不"善守"。他分析了开封城失陷的原因后指出，开封城虽大而坚

诏 告诉、告诫之义，是天子下达臣属的文体，属于一种命令文体，分为即位诏、遗诏、表诏、伏诏、密诏、手诏、口诏等。这种命令文体开始于秦朝开国皇帝秦始皇，终于清朝。

固，但没有针对金军的攻城器械的防御措施，也没有对城防设施进行适当的改建，因而无法有效地阻止金军的进攻。

他举例说，金军用抛石机击砸城上女墙，如果守城者能及时将女墙加高、加厚，再用大木加固，也就不会造成大的伤亡。还说，如果在开封城墙的内侧，再挖一道深壕建筑一道里城，即使金军攻破第一道城墙，一时也无法填平城里的深壕，攻上第二道城墙。此时，守军便可以用守城器械，击打金军，使其遭受重大伤亡，守城可成功。

陈规不但对守城战术和城池改建方面作出了精辟的论述，而且还对使用抛石机守城制敌的技术和战术提出了创造性的见解。

他在总结开封失陷教训的基础上，结合德安城防守的需要，提出了制炮用炮和加固城防的观点：

攻守利器，皆莫如炮，攻者得用炮之术。则城无不拔。守者得用炮之术，则可以制敌。炮不厌多备，若用得术，城可必固。

宋朝战争场面

陈规提出了很多训练制炮用炮的措施，还要求平时要对炮手放手进行抛射训练，以便在战时熟练地抛击目标。

《守城录》对后世影响较大，其很多内容被研究城防者所引用，而且在其影响下，城防专著也日渐增多，清代学者纪昀在编撰《四库全书》时，将其收入"子部兵家类"中。

《守城录》记载了"以火炮药造下长竹竿火枪二十余条"的事实，这是对最早管形火器的记载。在这最早的管形火器的基础上，后来又发明了管形射击火器和管形喷射火器，如突火枪、飞天喷筒。后来，又分别发展为各种金属管形射击火器火铳与各种喷筒。

兵家韬略

兵法谋略与文化内涵

阅读链接

陈规为人端重，性格坚毅，对外人很少言笑，然而待人却十分随和，平易近人。陈规常以忠义自许，乐善好施，赈济穷人，他为官清廉，家中没有多余的财产。

陈规有一个女儿，他曾经为女儿找侍女，一次，他找到一个妇人做女儿的侍女。有一次，他偶然看见这名妇人举止非常娴雅端庄，不像一般人家的女孩。陈规感到奇怪就询问她，才知道原来她是云梦张贡士的女儿，由于战乱，丈夫死了没有依托，只能寄人篱下，讨一口饭为生，机缘巧合做了侍女。陈规立刻停止了让她做女儿的侍女，并把自己女儿的嫁妆拿出一部分给她做嫁妆。

明清时期，属于多事之秋，战乱不断，也由于此，兵学兴盛。明朝初年，朝廷十分重视武备，对兵学资料搜集整理，曾下令"求四方遗书，设秘书监"，兵部还曾奉命将武经七书发给武职官员学习。清朝虽然对兵书查禁较严，但兵学亦有所发展。

总体来看，明清时期的兵学是在复杂斗争中曲折前进的。为了适应客观需要，军事理论家和兵学家根据社会生产力的发展，对军事理论和军事装备也提出了全新的要求。守城保寨的思想和开拓进取的思想参差其中，兵学谋略也表现出与时俱进的特色，折射出了那个时代应有的智慧之光。

决胜之道

用兵之计

刘基传奇著《百战奇略》

　　1311年7月，一个男孩儿降生于浙江青田县南田乡一家农户，男孩儿被取名为刘基。小刘基自幼聪慧过人，而且十分好学。他读书的速度极快，据说可以一目七行。12岁时便考中了秀才，乡间父老都称他为"神童"。

刘基画像

　　1324年，14岁的刘基进入郡庠读书。读书时，他跟老师学《春秋》。这是一部晦涩深奥、言简意赅的儒家经典，很难读懂，尤其初学童生一般只是捧书诵读，不解其意。

　　但是刘基却不同，他不仅默读两遍便能背诵如流，而且还能根据文义，发微阐幽，言前人所未言。老师大为惊讶，

■ 明朝士兵

以为他曾经读过，便又试了其他几段文字，刘基都能过目而识其要。老师十分佩服，暗中称道："真是奇才，将来一定不是个平常之辈！"

1327年，刘基进入郡庠的第三年就离开了那里，跟随处州名士郑复初学程朱理学，接受儒家经世致用的教育。刘基的过人聪慧又有一次打动了老师。郑复初在一次拜访中对刘基的父亲赞扬说："您的祖先积德深厚，庇荫了后代子孙。这个孩子如此出众，将来一定能光大你家的门楣。"

刘基博览群书，诸子百家无一不览，尤其对天文地理、兵法数学，更有特殊爱好，潜心钻研揣摩，很快就十分精通。

有一次，他探访程朱理学发端之地徽州，得知歙县南乡的六甲覆船山有一本《六甲天书》，便秘密地前往覆船山探秘，他在这里发现了一本叫《奇门遁甲》的书。

秀才 原本指称才能秀异之士，是一种泛称，并不限于饱读经书之人。及至汉晋南北朝时，秀才变成荐举人才的科目之一。唐初科举考试科目繁多，秀才只是其中一科，不久即废除。与此同时，秀才也习惯地成了读书人的通称。

兵法谋略与文化内涵

■ 朱元璋带兵打仗

这本书使他掌握了丰富的奇门斗数知识。刘基更为有名了，家乡的人都把他和三国时蜀国丞相诸葛亮和唐朝名相魏徵相比，都说他有孔明和魏徵之才。

1333年，23岁的刘基赴元大都参加会试，一举考中进士。1336年，刘基被朝廷授为江西高安县丞。在任上，他勤于职守，执法严明，很快就做出了政绩，因此受到当地百姓的爱戴。

此后，刘基陆续担任了大大小小的官，由于受小人的排挤，刘基对当官失去了兴趣，遂辞官隐居起来，过起了惬意的世外桃源生活。

元朝末年，反抗元朝统治的运动风起云涌，在众多的起义队伍中，以朱元璋为首的起义队伍势力很大，并且受到人们的拥护。刘基顺应时势，辅佐朱元璋推翻了元朝的统治，建立了大明朝，为建立新王朝立下了汗马功劳。朱元璋多次称刘基为"吾

会试 金、元、明、清四代科举考试名目之一。所谓会试者，共会一处，比试科艺。由礼部主持，在京师举行考试。应考者为各省的举人及国子监监生，录取者称为"贡士"，第一名称为"会元"。

之子房也"。

刘基极富文才武略，他上知天文，下知地理，前知八百年，后知五百载，以神机妙算、运筹帷幄著称于世，他有极高的文采，写有很多有名的文章，著作有《郁离子》《写情集》《春秋明经》等。

在军事方面，传奇兵法著作《百战奇略》出自他手。《百战奇略》是一部兵学奇书，它不仅继承了我国古代军事思想的精华，而且对某些问题有一定发展。比如，关于速战速决和持久防御的作战原则问题，《百战奇略》认为，在我强敌弱、我众敌寡，胜利确有把握的情况下，对来犯之敌，要采取速战速决的进攻战。但在敌强我弱、敌众我寡，胜利无把握的情况下，则应采取持久疲敌的防御战。

这种能够根据敌我力量对比的实际，不同情况采取不同作战原则的指导思想，比《孙子兵法》单纯强调的"兵闻拙速，未睹巧之久"的速胜论主张，无论在认识上，还是在实践上，都有所发展。

《百战奇略》不仅继承和发展了古代的军事思想，而且搜集和存录了大量古代战争战例资料。在一百多种战例中，规模较大、影响较

明代士兵雕塑

■ 明代军阵雕塑

深、特点鲜明的战例有：齐鲁长勺之战、泓水之战、城濮之战、笠泽之战、马陵之战、辽东之战、漠南之战等。

军事上的许多矛盾现象都是相反相成的，《百战奇略》从强与弱、众与寡、虚与实、进与退、攻与守、胜与败、安与危、奇与正、分与合、爱与威、赏与罚、主与客、劳与逸、缓与速、利与害、轻与重、生与死、饥与饱、远与近、整与乱、难与易等正反两方面，提出在不同情况下，要采取不同的作战原则和作战方法。

《百战奇略》从战争千变万化这一客观实际出发，已经触及到矛盾的双方既相互依存，又在一定条件下相互转化的规律。如，它在对"胜与败"这对矛盾现象的对比分析中，已经认识到胜利中潜藏着失败

齐鲁 既是一种文化概念，还是一种地域概念。战国末年，随着民族融合和人文同化的基本完成，齐、鲁两国文化也逐渐融合为一体。公元前256年，鲁国被楚国所灭，公元前221年齐国为秦国所灭。因为文化的一体，"齐鲁"形成一个统一的文化圈，由统一的文化圈形成了"齐鲁"的地域概念。

的种子，失败中包含有胜利的因素，胜与败将在一定的条件下相互转化的规律性。

它进一步认为，打了胜仗之后"不可骄惰，当日夜严备以待之"，如果"恃己胜而放佚"，就会反胜为败。

《百战奇略》还认识到，转败为胜的条件，就是接受教训，认真备战和正确的作战指导。

《百战奇略》认为，"众与寡"这对矛盾的双方，在一定的条件下也是相互转化的。它指出，在敌众我寡的形势下作战，只要我充分发挥主观能动作用，实施正确的作战指导，采取"设虚形以分其势"的"示形惑敌"战法，就可以使敌人兵力分散，创造有利于己的态势。

在对"生与死"这对矛盾的分析中，《百战奇略》认为，对敌作战中，如果"临阵畏怯，欲要生，反为所杀。"意思是说，作战中如果贪生怕死，就有失败被杀的危险。

反之，如果能够"绝去其生虑，则必胜"。意思是说，作战中如

明代作战场景

明皇宫士兵蜡像

果抱定必死决心而战，就一定能获得胜利而生存。

可见，《百战奇略》已经认识到，生与死在一定的条件下也是相互转化的。贪生怕死，是由生存向死亡转化的条件；而英勇奋战，则是由死亡向生存转化的条件。这无疑是符合辩证观点的正确结论。

《百战奇略》分10卷，卷一分：计战、谋战、间战、选战、步战、骑战、舟战、车战、信战、教战；卷二分：众战、寡战、爱战、威战、赏战、罚战、主战、客战、强战、弱战。

卷三分：骄战、交战、形战、势战、昼战、夜战、备战、粮战、导战、知战；卷四分：斥战、泽战、地战、山战、谷战、攻战、守战、先战、后战。

卷五分：奇战、正战、虚战、实战、轻战、重战、利战、害战、安战、危战；卷六分：死战、生战、饥战、饱战、劳战、逸战、胜战、败战、进战、退战。

卷七分：挑战、致战、远战、近战、水战、火战、缓战、速战、整战、乱战；卷八分：分战、合战、怒战、气战、逐战、归战、不战、必战、避战、围战。

卷九分：声战、和战、受战、降战、天战、人战、难战、易战、离战、饵战；卷十分：疑战、穷战、风战、雪战、养战、畏战、书战、变战、好战、忘战。

《百战奇略》是一部以论述作战原则和作战方法为主旨的古代军事理论专著，在古代军事思想和军事学术发展中占据着重要位置，从其产生以来，就为兵家所重视和推崇，给予很高评价，并一再刊行，广为流传。

后代军事理论家对《百战奇略》都赞誉有加，称该书是"极用兵之妙，在兵家视之，若无余策"。认为只要"握兵者平时能熟于心，若将有事而精神筹度之，及夫临敌，又能相机而应之以变通之术"，那就可成凯奏之功"。

阅读链接

《百战奇略》与《武经七书》，特别是与《孙子兵法》有紧密的渊源关系。该书所援引的百条古代兵法，有八十七条出自宋神宗元丰三年，即1080年朝廷颁定的《武经七书》，而其中引自《武经七书》之首《孙子兵法》的达六十条之多，占全书所引古代兵法总条数的百分之六十，占所引《武经七书》条数的百分之六十九。可见，说《百战奇略》"以《孙子兵法》为经"，是符合实际情况的。

由此还可以进一步看出，《百战奇略》"以《孙子兵法》为经"的著述目的在于讲解以《孙子兵法》为首的《武经七书》兵家经典，但是，《百战奇略》的可贵之处，不仅在于它"以《孙子兵法》为经"而继承了孙子思想，而且更在于它对孙子思想还有某些发展。

唐顺之博采而撰《武编》

公元1507年，唐顺之出生在江苏常州青果巷的一个名门望族，祖父唐贵是进士出身，任户部给事中，父亲唐宝也是进士出身，任河南信阳与湖南永州府知府。

唐顺之画像

唐顺之很小的时候，就受到了父亲和母亲对他的严加管教，写字如不端正就会挨打。如果出去玩儿回家晚了，母亲也会时常责备他。

唐顺之很贪玩，但天生聪明，并且极具个性又特立独行的人。同喜欢玩耍一样，唐顺之也十分喜欢读书。父母望子成龙，给唐顺之找来了名师为其辅导。

时间如梭，转眼间，唐顺之23岁了，这一年，唐顺之参加了每三年在京城举办一次的会试，会试的结果令他和家人都倍感骄傲，十分兴奋。在这次会试中唐顺之荣登榜首。

这次会试的主考官是当朝礼部尚书兼文渊阁大学士张璁，他看了唐顺之的文章十分欣赏，为朝廷能搜罗到唐顺之这样的人才十分高兴，他想利用他的权力提拔唐顺之到翰林院为官。

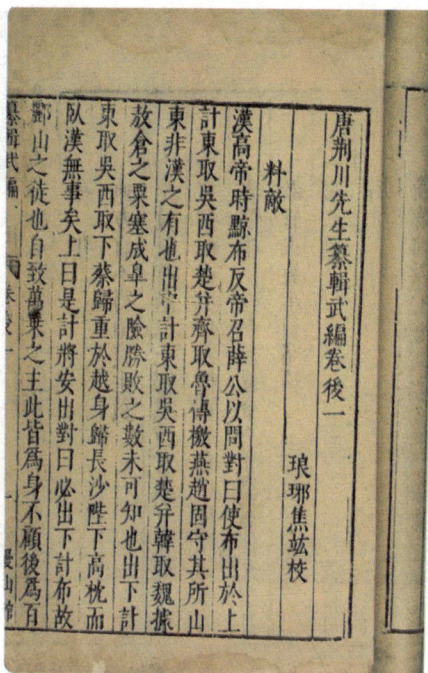
■《武编》书影

可是令他没有想到的是这个初入仕途的读书人，在官场面前显得十分谨慎，他婉言谢绝了张璁的知遇与栽培，按部就班地去兵部任职。这令张璁不免感到十分扫兴。

公元1533年，唐顺之被调入翰林院任编修。因与主管官员张璁性格不投，便以生病为由，请假回家。张璁开始没有准许，这时有人私下告诉张璁说"唐顺之一直不愿在你的手下做事，一直要疏远你，你又何必苦留他！"张璁一怒之下准其还乡，并表示永不再让他当官。

唐顺之虽然离开官场，但作为一个有责任感的知识分子，他决心退下来潜心读书，以便在国家需要时再出来贡献自己的力量。

唐顺之隐居后，闭门谢客，把时间和精力都用于

户部 我国古代掌管户籍财经的机关，六部之一，六部为吏、户、礼、兵、刑、工部。户部起源于周代官制中的地官。户部的长官称为户部尚书，曾称地官、大司徒、计相、大司农等。

■ 福建沿岸居民共同抗倭

钻研《六经》《百子史氏》和《国朝故典律例》等古籍之中，昼夜研究，忘寝废食。此外，他还深入研究算学、天文律历、山川地志、兵法战阵等知识。

吃得苦中苦，方为人上人，唐顺之在简陋的茅舍里，冬天不生火炉，夏天不扇扇子；出门不坐轿子；一年只做一件布衣裳；一个月只能吃一回肉。

他要用这种苛刻的办法使自己摆脱各种物质欲望的引诱，以求使自己的内心更加平静，更加能够把精力和注意力倾注到各种研究上来。

明嘉靖年间，明朝廷武备废弛，将帅战备意识不强，领兵训练时，也漫不经心，兵士也养成了懒惰散漫的习性，参加战斗时，将士蒙头缩项，胆落神悸，毫无战斗力。

那个时候，日本正处于割据分裂的"战国"时代，日本内战中的残兵败将便纠集武士、浪人及奸商，武装掠夺我国的东南沿海一带，被当地人民称为倭寇。

明政府抵抗不力，明朝的军队没有力量给入侵的倭寇有力的反击，唐顺之看在眼里，急在心上，他气愤得吃不下饭，睡不着觉。他常常皱着眉头慨叹地说："老百姓遭受横祸，等于用刀子剜我的肉，对于死难的父老乡亲，我怎样才能给他们以慰藉呢？"

受命指挥打击倭寇的将军赵文华知道唐顺之极有才学，不但满腹经纶，而且有治国平天下的大志，更为重要的是通晓军事，他决定请唐顺之出山组织抗倭。当时举荐唐顺之出山的题本和奏本（清朝称奏折）达50余件之多。

由此，唐顺之回到兵部复职后，首先到京师附近的练兵基地蓟镇，制定了整顿军队的方案，然后与总督胡宗宪商议讨贼御寇的策略。他主张在海上截击倭寇的兵船，不让倭寇登陆。

奏折 古代重要官府文书之一，也称折子、奏帖或折奏，是各级政府呈递给皇帝的文件。它始用于清朝顺治年间，以后普遍采用，康熙年间形成固定制度。至清亡废止，历时两百余年。

139

■ 福建沿岸居民共同抗倭

■ 福建沿岸居民共同抗倭

唐顺之（1507—1560），字应德，一字义修，号荆川。武进（今属江苏常州）人。明代儒学大师、军事家、散文家、抗倭英雄。崇祯时追谥襄文。学者称"荆川先生"。唐顺之著作有《荆川先生文集》，共17卷，其中文13卷，诗4卷。辑有《文编》64卷。

唐顺之决定亲自下海去体验一下海上的生活。他的船从江苏的江阴驶向蛟门大洋，一昼夜走了六七百里，跟随他前往的人在风浪中或惊骇万状，或呕吐不止，可是他却意气风发镇定自若。

唐顺之在海风怒吼、惊涛骇浪的海上，把躲藏在港湾内不尽职守的将官们按照军纪法办，对严守岗位的将士则予以重赏。严惩之下，驻守海防的将士们再也不敢玩忽职守了。

唐顺之的到来很快便扭转了明军颓废不振的局面，为击溃倭寇奠定了有力的基础。唐顺之一直战斗在抗倭前线。唐顺之所在之处，倭寇见其军容严整不敢出战。

为了振兴颓废不振的武备，唐顺之广搜博采，从历代兵书及其他史书中辑录对于武备有所裨益的资料，可以说"一切命将驭士之道，天时地利之宜，攻战守御之法，虚实强弱之形，进退作止之度，间谍秘诡之权，营阵行伍之次，舟车火器之需"都在唐顺之搜集之列。

在此基础上，唐顺之编撰了《武编》一书。全书分前后2集，总共12卷。前集6卷，55门；后集6卷，134门。

《武编》前集主要辑录有关兵法理论方面的资料，内容包括将帅选拔、士伍训练、行军作战、攻防守备、计谋方略、营制营规、阵法阵图、武器装备、人马医护等等。

后集全部是用兵实践，主要是从古代史籍中撷取有关治军和用兵的故事，以为借鉴。

《武编》采集资料的范围比较广泛，从《武经七书》《太白阴经》《虎钤经》《武经总要》《续武经总

■ 明代把总及士兵塑像

要》等兵法典籍到汉唐以来的名臣奏议，都有所采集。

《武编》保存了一些其他兵书很少记载的资料，如农民起义领袖孙恩曾经用过的演禽战法等，《武编》还比较注意辑录当朝的有关军事资料，如前集卷一比较详尽地辑录了明永乐十二年制定的赏罚条令；前集卷四辑录了赵本学、俞大猷有关阵法资料，尤其是辑录了当时被称为"称战"的戚继光鸳鸯阵。

它对军事技术问题的论述，则侧重于对传统火药理论，以及诸多火器的形制构造与使用方法的阐发，有相当一部分内容被后世的兵书所转录。另外，它还比较注意辑录反面战例资料，作为反面教材。

《武编》出自既有军事实践又有历史知识的学者之手，加之专为振兴明廷武备而作，因此具有一定的现实意义和史料价值。《四库全书总目提要》评论说："是编虽纸上之谈，亦多由阅历而得，固未可概以书生之见目之矣。"

阅读链接

唐顺之文才武略皆备，倭寇的头子对唐顺之恨之入骨，就重金聘请刺客谋杀唐顺之。一天深夜，唐顺之正在写字，忽然一个穿黑衣手执利刀的人闪进屋内。唐顺之对黑衣人说"你是谁？何故深夜前来？""唐顺之，你不必问我何人，今天就是来取你的性命！"

"既然这样，好吧，能否容我把这张纸写完呢？"刺客对唐顺之说："念你是读书人，就让你多活一刻，把这张纸写完了吧！"唐顺之神色自若，提着斗笔饱蘸浓墨依然挥毫如飞，正当刺客看得入神时，突然，唐顺之闪电似的将笔往刺客喉间掷去。"哎……"刺客"呀"都来不及出口，身体往后便倒，手中的利刀"当啷"一声坠落在地上，原来唐顺之一把浑身的力气全运到这笔尖上，轻轻一掷就有千钧之力。

戚继光抗倭经验成兵法

公元1528年，戚继光生于山东济宁一个武将家庭。戚继光自幼就显示出非凡的一面，他与很多孩子不一样，他很喜欢读书，读了很多儒家和兵学方面的书，特别对军事表现出异乎寻常的乐趣。

公元1544年，17岁的戚继光子承父业，任登州卫指挥佥事。两年后，戚继光被批准负责管理登州卫所的屯田事务。

这个时候，倭寇更加嚣张了，武装掠夺我国的东南沿海一带，给东南沿海一带的渔民及其他百姓带来了极大的危害。山东沿海一带也遭受了倭

戚继光画像

寇的入侵。

戚继光眼看着同胞生活在危难之中，心急如焚，他立志杀贼，于是写下了表达自己意愿的诗句：

小筑渐高枕，忧时旧有盟。呼樽来揖客，挥麈坐谈兵。去护牙签满，星含宝剑横。封侯非我意，但愿海波平。

1553年，戚继光受张居正的推荐，升任都指挥佥事一职，管理登州、文登、即墨3营25个卫所，防御山东沿海的倭寇。

戚继光抗倭的心愿终于有了一个可以实现的机会，他决定倾尽全力，以牙还牙，以血还血，痛击入侵的倭寇。

山东沿海防线自江苏、山东交界处，一直延伸到山东半岛的北端，长达几千千米。海防线这么长，而卫所的兵力又有限，怎样设防才好呢？戚继光开动脑筋，思谋良策。他通过和当地官员、百姓，特别是渔民们交谈，了解到一年之中倭寇活动最猖獗的时间是在3、4、5月和9、10月间，又了解到这几个月间的一般气候和风向，以及船只可能停靠的地方。

■ 明代战争蜡像

张居正（1525—1582），字叔大，号太岳，汉族，明朝湖广江陵人，因此又称张江陵。张居正是明朝中后期政治家、改革家，万历时期的内阁首辅，辅佐万历皇帝进行了"万历新政"。

在了解到倭寇活动规律之后，戚继光便按照时间和地段重点设防，同时，对卫所进行整顿，加强训练，严肃纪律提高战斗力，这样固守了山东海防线，倭寇很久不敢来此窜扰。

两年后，1555年，戚继光被调往浙江都司佥事，并担任参将一职，防守宁波、绍兴、台州3郡。

浙江地区倭患严重，戚继光一到任上，见军队素质不良，于是向上司提出"招募新兵，亲行训练"的建议。在得到批准后，戚继光亲自到义乌、金华等地招募农民、矿工3000余人，组成新军，称"戚家军"。

戚继光自己训练这支队伍，经过严格训练，这支军队成为熟悉军纪、法度、熟练手中兵器，能够奋勇

参将 明代镇守边区的统兵官员，职位次于总兵、副总兵。明、清时期漕运官设置参将，协同督催粮运。清代河道官的江南河标、河营都设置参将，掌管调遣河工、守汛防险等事务。清代京师巡捕五营，各设参将防守巡逻。

145

决胜之道

用兵之钤

■ 明将戚继光操练水军图

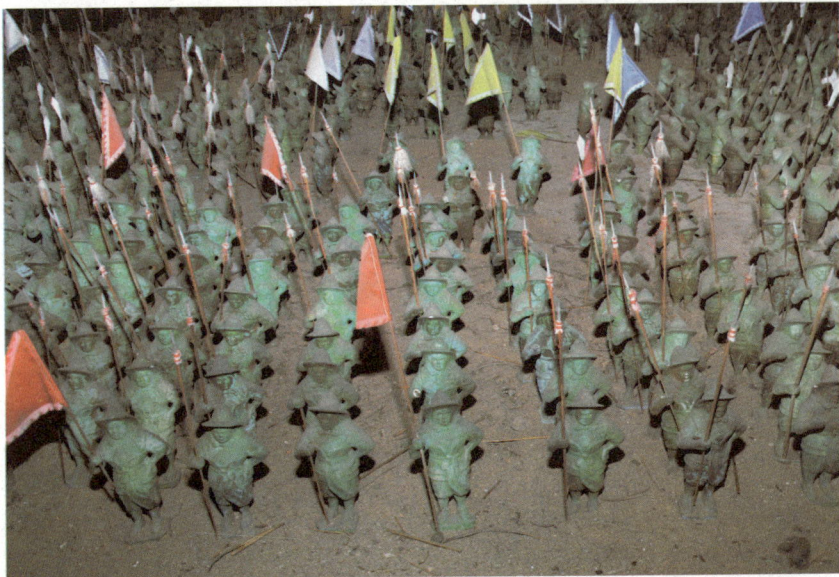

作战的队伍。戚继光根据南方多沼泽的地理特点制定阵法，又给这支队伍配备火器、兵械、战舰等装备。

戚继光训练义乌兵，完全废弃了明军原来的卫所编制和旧的作战规则，新创立了以鸳鸯阵为基础的编制和作战方法。鸳鸯阵的编制是古代军事史上划时代的一个创举。此阵法按照兵器协同的要求组成，根据需要还可临时变化，使得军队战斗力大大提高。

在练兵期间，戚继光有感于练兵的重要性和迫切性，总结自己的练兵和带兵打仗的经验，编撰成一部兵书《纪效新书》。这部兵书既是他在浙江练兵、作战的经验总结，同时也是此后抗倭战争中练兵、作战的指导原则。

1561年5月，倭寇大举进攻桃渚、圻头等地，戚继光率领戚家军扼守桃渚，于龙山大破倭寇，戚继光率军一路追杀溃败的倭寇至雁门岭。

■ 戚继光练兵塑像

巡抚 古代官名，明清时地方军政大员之一，又称抚台，属于巡视各地的军政、民政大臣。巡抚以"巡行天下，抚军按民"而得名。在北周与唐初均有派员至各地巡抚的事，但那是临时差遣，"巡抚"亦未成为官名。

逃走的倭寇趁台州空虚攻占了台州，戚继光又率领戚家军采取机动灵活的战略战术，运用偷袭、伏击等战法，将倭寇打得蒙头转向，歼敌6000余人。

台州大捷后，戚继光官升三级。而后，闽、广一带的倭寇流入江西一带作乱，总督胡宗宪无法平定，于是让戚继光来增援，戚继光率领戚家军于上坊巢将倭寇击退。

之后，戚继光又率军转战福建，与巡抚谭纶、总兵俞大猷等人通力合作，给入侵的倭寇以迎头痛击，经过几次战斗，基本歼灭了入侵的倭寇，平定了闽、粤沿海的倭患。

1568年，戚继光以都督同知总理蓟州、昌平、保定三镇练兵，在练兵期间，他总结自己的练兵实践经验，并将其和自己多年的兵法思想融为一体，开始撰写一部兵书，就是后来的《练兵实纪》。

经过3年的笔耕不辍，戚继光在1571年终于将这部兵书写作完成。这部兵书既注意吸收南方练兵的经验，又结合北方练兵的实际，其练兵思想较《纪效新书》又有所进步。

戚继光领兵征战

■ 戚继光指挥作战

烽堠 即烽火台，又称烽燧、烟墩、墩台，古时用于点燃烟火传递重要消息的高台，是古代重要军事防御设施，是为防止敌人入侵而建的，遇有敌情发生，则白天施烟，夜间点火，台台相连，传递消息。

《纪效新书》和《练兵实纪》都是戚继光练兵经验和兵学思想的结合，《纪效新书》原本18卷，卷首1卷。

正文18卷详细而又具体他讲述了兵员的选拔和编伍、水陆训练、作战和阵图、各种律令和赏罚规定、诸种军诚兵器及火药的制造和使用、烽堠报警和旗语信号等建军作战的各个方面，并有大量形象逼真的兵器、旗帜、阵法、习艺姿势等插图。

此外，书中还详细记述了戚继光发明的鸳鸯阵，即一种以牌为前导，筅与长枪，长枪与短兵互防互救，双双成对的阵法。以及鸳鸯阵的变体"三才阵"。该阵法组成人数更少，用于冲锋时追歼敌军。

《纪效新书》十分重视选兵，开篇第一句话就是"兵之贵选。"对于选兵的具体标准，可定为"丰伟""武艺""力大""伶俐"4条，戚继光认为这四条选兵标准可视具体情况灵活变通。

《纪效新书》特别强调赏罚在治军中的作用，主张赏罚要公正，赏不避仇，罚不避亲。平时的冤家，立功时也要赏，有患难也要扶持照顾；若犯军令，就是亲子侄，也要依法惩处。

《纪效新书》所述内容具体实用，既是抗倭中练兵实战的经验总结，又反映了明代训练和作战的特点，尤其是反映了火器发展一定阶段上作战形式的变化，具有较高的军事价值。

和《纪效新书》一样，《练兵实纪》的内容也十分广泛，涉及兵员选拔、部伍编制、旗帜金鼓、武器装备、将帅修养、军礼军法、车步骑兵的编成保结及其同训练等建军、训练和作战的各个方面。

《练兵实纪》问世后，受到重视，传播很广，有众多的抄本和刻印本，多种丛书亦将其收录。后世统兵将领多将此书作为训练部队的教科书。

阅读链接

戚继光立志将倭寇赶出国门，在抗倭过程中，他严格执法，铁面无私，六亲不认，一次他率领戚家军在海门一带抗倭。3000多名倭寇在海门沿海上岸，准备去临海、仙居一带抢劫。戚继光命令儿子戚印领兵在双港与城西交界的花冠岩一带埋伏，自己出兵佯败，把倭寇引到上界岭，等倭寇全部进入包围圈后，再两军夹击，一举全歼。

结果戚印年轻气盛，交战心切，没等倭寇全部进入包围圈就下令擂鼓冲锋，结果让一部分倭寇逃脱了。戚继光回营升帐，因戚印没按照军令行事，下令推出去斩首。陈大成等将领跪在地上要求从宽处罚，留他一条性命将功赎罪。戚继光不答应，说："我是一军主帅，如果我的儿子犯了军令可以不杀，以后还怎么带兵？军中的命令还有谁去执行？"于是，就在白水洋上街水井口这个地方，戚继光将亲生儿子戚印正法。

茅元仪抗金著《武备志》

　　1594年，茅元仪出生于浙江吴兴一个书香门第家庭。祖父茅坤是当时著名的文学家，父亲矛国缙是当朝的工部郎中，可谓出身官宦之家。在家庭的熏陶下，茅元仪自幼勤奋好学，博览群书，尤其喜欢读兵书，对历代兵书可以说熟读百遍。

　　小茅元仪心地善良，富有同情心，十岁那年，家乡吴兴遭受了异常大灾，太守在召集官吏及富户议论救灾时，竟然没有人响应。茅元仪见此情况，随即请求父亲将家里储藏的数万石粮食，全部救济给灾民，为此，灾民万分感谢。

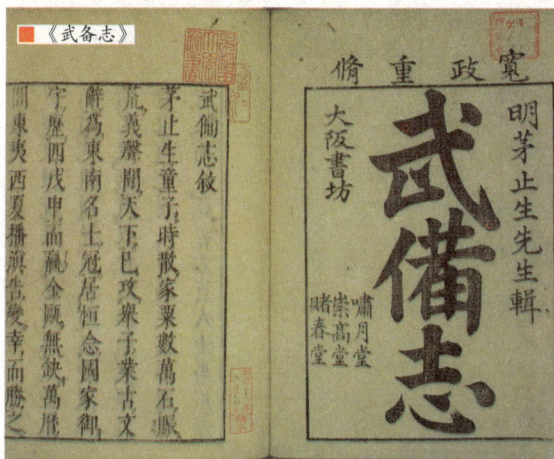
《武备志》

茅元仪成年后，更加勤奋学习，那时他已经熟谙军事，胸怀韬略。他对长城沿线的"九边"之关隘、险塞，都能口陈手画，了如指掌，这份能力叫那些带兵打仗的将领们交口称赞。

正当茅元仪立志报国之时，东北建州女真族崛起，其首领努尔哈赤于1616年，在赫图阿拉建立后金政权，自称大汗，建元"天命"。

两年后努尔哈赤以"七大恨"为借口，兴师讨伐明朝，一时之间，辽东地区战火纷飞，战乱四起。当时，明朝廷的大权被一伙阉党把持，这伙阉人不学无术，结交奸佞，排除异己，致使明朝国运衰落。受此影响，明朝军队战斗力低下，几无还手之力。

在后金军队的猛攻下，明朝军队全线溃败，明军战败的消息不断传来，朝廷内外为之震惊。茅元仪也十分焦急，他跟随大学士孙承宗在辽东地区监察明军战备和作战情况，还与同僚鹿善继、袁崇焕、孙元化等人一起，在山海关内外考察地形，研究敌情，协助孙承宗作战，抵御后金的进攻，并到江南筹集战舰，加强辽东水师，提高明军的战斗力。

在孙承宗指挥下，明军在辽东地区收复了九城

■ 明代士兵像

女真族 又名女贞、女直，古代生活于东北地区的古老民族，现今满族、赫哲族、鄂伦春族等的前身。公元6至7世纪称"黑水靺鞨"，公元9世纪起才更名为女真。17世纪初建州女真部逐渐强大，其首领努尔哈赤统一了女真诸部，1616年建立后金政权，至1636年，女真族首领皇太极改女真族号为满洲。

151

决胜之道

用兵之计

兵家韬略

兵法谋略与文化内涵

翰林院 唐朝开始设立，初时为供职具有艺能人士的机构，自唐玄宗后，翰林分为两种，一种是翰林学士，供职于翰林学士院，一种是翰林供奉，供职于翰林院。晚唐以后，翰林学士院演变成了专门起草机密诏制的重要机构。宋朝后成为正式官职，明以后被内阁等代替，负责修书撰史，起草诏书。

■ 明代作战图

四十五堡，茅元仪也因功勋卓著，被举荐为翰林院待诏。

面对明朝军队武备松弛不振的局面，茅元仪于焦急忧愤之时，发奋著书立说，刻苦钻研历代兵法理论，将多年搜集的战具、器械资料，治国平天下的方略，历时十五年辑成一部兵书，鉴于书中的主要论述内容和撰述的目的，茅元仪将这本书起名叫《武备志》。

《武备志》是一部综合性兵书。这部综合性兵书于天启元年，即1621年刻印。自此以后，这位年轻学子声名大振，以知兵之名被到处传扬。

茅元仪文武双全，当时的人称他："年少西吴出，名成北阙闻。下帷称学者，上马即将军。"他一生著作颇丰，著有《武备志》《督帅纪略》《复辽砭语》《石民未出集》《暇老斋杂记》《野航史话》等60多种，数百万言，其中对后世影响最深远的著作当推

《武备志》

《武备志》共分为240卷，200多万字，738幅附图。全书由兵诀评、战略考、阵练制、军资乘、占度载五部分组成。

兵诀评18卷收录了《武经七书》，并选录《太白阴经》《虎钤经》的部分内容，加以评点。在这卷中，茅元仪对《孙子兵法》的评论最多，表现出对《孙子兵法》的推重，他认为学兵学不可不读《孙子兵法》，说：

先秦之言兵家者六家，前孙子者，孙子不遗，后孙子者，不能遗孙子，谓五家为孙子注疏可也。

战略考 33卷，以时间为序，从战略的高度选录了从春秋到元各代有参考价值的六百余个战例。所选战例注重奇略，如，吴越争霸，勾践卧薪尝胆、乘虚捣隙；马陵之战，孙膑减灶示弱，诱敌入伏；赤壁之战，孙刘联合破曹，巧用火攻等等。其所录战例大都是以奇谋伟略取胜的，在紧要之处均有所评点。

阵练制 41卷，分阵和练两部分。阵的部分记载了西周至明代的各

明朝御林军锁子甲

种阵法，配以 319幅阵图，以诸葛亮的八阵、李靖的六花阵、戚继光的鸳鸯阵为详。阵有说记，有辩证。

练的部分，详细记载了选士练卒之法，包括选士、编伍、悬令赏罚、教旗、教艺5方面内容，详细地记载了士卒的选练方法，其中包括士卒的选拔淘汰，车、步、骑、北兵的编伍，赏罚赏律例，教兵

明代将军塑像

方法，兵器训练等。其内容多采自《太白阴经》《虎钤经》《行军需知》《纪效新书》《练兵实纪》等兵书。

茅元仪认为，古代阵法失传，后人便胡编乱造，这样以讹传讹。他把这些图绘制下来，目的就是要正本清源，使真正的阵法得以流传。

军资乘55卷，分营、战、攻、守、水、火、饷、马8类，下设65项细目，内容十分广泛，涉及行军设营、作战布阵、河海运输、战船军马、屯田开矿、粮饷供应、人马医护等事项。

这些内容记录十分详备，如收录的攻守器具、战车舰、船、各种兵器就达600种。其中火器180多种，有陆战用、有水战用、有飞镖式，也有地雷式，记录十分详细，为其他兵书所不及。

占度载93卷，分为占和度两部分。占即占天，主要记载天文气

象，有占天、占日、占月、占星、占云、占风雨、占风、占蒙雾、占红霓、占霞、占雨雹、占五行等。这部分内容是把自然与人事联一起，认为某种天象往往就是某种人事即将发生的征兆。

度即度地，主要记载兵要地志，分方舆、镇戍、海防、江防、四夷、航海6类，图文并茂地叙述了地理形势、关塞险要、海陆敌情、卫所部署、督抚监司、将领兵额、兵源财赋等等内容。

作为一部百科全书式的兵书，《武备志》体系宏大，条理清晰，体例统一。它将2000余种各朝的军事著作分门别类，每类之前有序言，考其源流，概括其内容，说明编撰的指导思想和资料依据。

茅元仪在每一大类之下又分为若干小类，小类之下根据需要设置细目。文中有夹注，解释难懂的典故，并且用各种不同的符号文字眉批表现自己对各个

五行 我国古代一种物质观，多用于哲学、中医学和占卜方面。五行指：金、木、水、火、土。五行学说认为大自然由五种要素所构成，随着这五个要素的盛衰，而使得大自然产生变化，不但影响到人的命运，同时也使宇宙万物循环不已。

■ 明代官员商讨军情雕塑

問題的看法。

全書對明代軍事的記載最為詳盡，茅元儀不僅選錄了戚繼光、俞大猷等人的治軍、練兵、作戰等方面的言行，也選錄了與他同時代人的軍事資料，如王鳴鶴的"號令說"等。

茅元儀在《武備志》中表現了要加強武備，富國強兵等思想。他痛斥當時的士大夫不重視兵事，遇有戰事就驚慌失措，束手無策。他提出："惟富國者能強兵"，這也是這本書的主旨。他勸說朝廷振興武備，提高警惕。

他還主張開礦、屯田，發展經濟，軍隊要經常訓練，認為："兵之有練，聖人之六藝也。陣而不練，則土偶之須眉耳"。在國家防禦上，他主張邊、海、江防要並重，不能有所偏頗，使敵人有機可乘。

《武備志》輯錄了古代許多其他書中很少記載的珍貴資料，如一些雜家陣法、陣圖，還有專門研究陣法、陣圖的著作，如《續武經總要》中都沒有記載

雜家 戰國時期百家爭鳴中的一家，其內容很多與方術有關，據說是道家的前身。雜家在歷史上並未如何顯赫，雖然號稱"兼儒墨、合名法"；"於百家之道無不貫綜"，實際上流傳下來的思想不多，在思想史上也沒有多少痕跡。

156

兵家韜略

兵法謀略與文化內涵

■ 明朝士兵雕塑

明朝士兵雕塑

的，但《武备志》却有详细的记载。

《武备志》的刊行并流传，对改变明末重文轻武，武将多不知兵法韬略，武备废弛的状况有着非常重大的现实性的意义。它种类详备，收辑周全，其中存录很多十分珍贵的资料，为后世所推崇。

阅读链接

阉党魏忠贤把持了明朝廷的政权，他一手遮天，为所欲为，他逼迫不肯与他同流合污的孙承宗辞官，茅元仪也受牵连被削籍，于天启六年，即1626年告病南归。第二年十月，朱由检即帝位，随即下令杀了危害明王朝的阉党祸首魏忠贤，阉党因此势力大落。

茅元仪知道消息后，随即赶赴京城，向朱由检进呈了他精心编撰的《武备志》。1629年冬，后金骑兵直扑北京，孙承宗受命督师奋力击退了后金军的进攻，解了北京之危。茅元仪因功升副总兵，督理觉华岛水师。但不久又被权臣梁廷栋所忌而解职。之后，辽东军情又一次紧急，他请求率兵抵御，但却遭到奸佞之臣的阻挠而没有成功，1640年，茅元仪在悲愤中纵酒而亡。

揭暄潜心著《兵经百言》

1613年揭暄出生于江西广昌盱江镇一个书香门第，他的祖父为郡庠生，父亲为邑廪生。揭暄自幼表现出与众不同的秉性，可以概括为"少有奇气，喜论兵，慷慨自任"。

清兵泥塑

在成为明代县学"诸生"时，揭暄所学十分广泛，对诸子、诗赋、数术、天文、军事、岐黄等术无所不涉，其研究也颇为精深。揭暄喜欢了解世事，有"独好深湛之思"的嗜好，当时的人常以"才品兼优，德学并茂"称呼他。

■ 清朝士兵蜡像

　　1645年，江南地区南明政权反抗清朝的统治，先后发动多起抗清活动。揭暄与父亲、好友何三省、骆而翔举义兵，在闽、赣边境的建宁、广昌、长汀一带抗击清兵，与南明兵部侍郎揭重熙领导的抗清大军互为椅角之势。

　　1646年，揭暄所部归明唐王朱聿键节制。他向唐王上言天时、地势、人事及攻守战御机要等策被采纳，被授以兵部职方司主事，一年后，揭暄被调为宣谕使吴炳副手，前往江西安抚诸营，到瑞金时听到父亲殉难的消息，十分悲痛，伤心之余，他决定辞官不做，隐居山林。

　　在隐居期间，物换星移，清朝已经确立全国的统治地位。清康熙帝闻听揭暄的大名，多次派人召他出来当官。揭暄对当官已经不感兴趣，他以年迈多病的理由推辞了宣召。

南明 亦称后明，是明末起义军首领李自成攻陷明朝首都北京后，明朝皇族与官员在南方建立的若干政权的统称，存在的时间为1644年至1662年，为时十八年。如果加上台湾的郑氏政权，则为四十年。

清兵作战场景

兵家韬略

兵法谋略与文化内涵

　　揭暄静下心来，潜心研究，致力于著述。其著述涉及军事、天文、历史、地理等诸多领域，其真知灼见，为海内外学者所推崇。

　　在众多的著述中，揭暄最大的贡献当推其费尽心血的军事名著《揭子兵法》。《揭子兵法》分"智""法""术"3卷，计一百篇，亦称《兵经百篇》《兵镜百篇》《兵法百言》《兵经百言》《兵经百字》《兵法圆机》等。

　　《兵经百言》继承了古代优秀的军事思想，并结合作者自己的研读心得和清代的军事实践，用当时较为通俗的语言进行了阐述，对一些问题提出了自己的看法。

　　《兵经百言》将军事上各方面的问题概括归纳为100个字，每字之下有一段论述，又大体按权谋、形势、阴阳的分类标准，按内容属性分为智、法、术3篇。

　　上卷智部，28字条，主要讲设计用谋的方法、原则，共收28字，即：先、机、势、识、测、争、读、言、造、巧、谋、计、生、变、累、转、活、疑、误、左、拙、预、叠、周、谨、知、间、秘。

中卷法部，44字条，主要讲组织指挥及治军的方法、原则，共收44字，即：兴、任、将、辑、材、能、锋、结、驭、练、励、勒、恤、较、锐、粮、行、移、住、趋、地、利、阵、肃、野、张、敛、顺、发、拒、撼、战、傅、分、更、延、速、牵、勾、委、镇、胜、全、隐。

下卷衍部，28字条，主要讲天数、阴阳及作战中应注意的问题，共28字，即：天、数、辟、妄、女、文、借、传、对、蘸、眼、声、挨、混、回、半、一、影、空、无、阴、静、闲、忘、威、繇、自、如。

《兵经百言》提倡先发制人。它把"先"字放在通篇之首，并将先发制人的运用艺术分成四种境界：调动军队应能挫败敌人的计谋为"先声"；每每比敌人先占必争之地者为"先手"；不靠短兵相接而靠预告设下的计谋取胜为"先机"；不用争战而能制止战争，战事未发而能取胜为"先天"。

清朝骑兵木俑

清朝军队服饰

它强调：

先为最，先天之用尤为最，能用先
者，能运全经矣。

大意是：先天最为重要，谁掌握了先发制人的诀
窍，谁就能掌握战争的主动权。可见"先"是揭暄重
点强调和提倡的。"致人而不致于人""不战而屈
人之兵"与"先发制人"都有着内在联系，都体现了
在战争中积极进取的强烈竞争意识。

《兵经百言》提倡朴素的军事辩证法思想，力主
灵活用兵。认为"事变幻于不定，亦幻于有定，以常
行者而变之，复以常变者而变之，变乃无穷。"

揭暄在书中用"生""变""转""活""左"等字

"不战而屈人之兵" 出自兵书《孙子兵法·谋攻》，原意为让敌人的军队丧失战斗能力，从而使己方达到完胜的目的。现多指不通过双方军队的兵刃的交锋，便能使敌军屈服。

条，从各个方面阐发了变与常的辩证关系，如"累"强调敌变我变的权变思想。

《兵经百言》在军事哲学方面具有明显的进步倾向，它用朴素的唯物主义自然观解释古代天文术数，认为"星浮四游，原无实应"。风雨云雾是一种自然现象，这些自然现象的产生与社会活动没有必然联系，但人们可以利用这些现象为社会活动服务。

在此基础上，它反对观天意，而主张观天象而用兵，并总结了恶劣气候往往是进攻一方喜欢利用的时机。

它对术数完全持否定态度。所谓术数是指以种种方术，通过观察自然界的现象来推测人、军队和国家的气数和命运。它认为战争胜负与术数无关，是人决定"气数"，而非"气数"决定人。指出："兵贵用谋，何可言数……数系人为，天着何处。"

强调战争时，我用计，敌亦用计，我变敌亦变，只有考虑到这一点，才能高敌一筹，最后战而胜之。

■ 清朝战争场景

揭暄认识到事物之间的相互变化，主张以变制变，活用兵法，认为"动而能静，静而能动，乃得兵法之善"。阴阳、主客、强弱都处在不断变化之中，指出用兵要善于随机应变，而灵活用兵。

《兵经百言》的军事理论和兵学成就已经超过了前人，该书理论明确，表述深入浅出，篇中百字，可谓字字珠玑。百字内容相互贯通，互为表里，互相对应，互相补充，先看后看，都能给人以启迪，其中的哲理警句，也耐人寻味。

阅读链接

揭暄博览群书，对天文地理都颇有研究，他为精察辨明宇宙的奥秘，博览群籍，日夜观察天象，精心考据，于康熙二十八年，即1684年，著成《璇玑遗述》10卷。

《璇玑遗述》是揭暄耗费了50年精力而写就的一部天文力作，书中不仅阐述了他在天文学方面的惊人创见，还体现了渊博的数学知识。自转是天体的重要运动形式。伽利略于17世纪初通过对太阳黑子的观察，推测出太阳有自转存在。揭暄经过深入研究，独立地提出了天体自转思想。揭暄的自转学说在我国天文学发展过程中有着重要的地位，具有开创性的意义。著名天文学家方以智也称他为"出千古下，集千古智""其论出于大西诸儒之上"的千古奇人。

164

兵家韬略

兵法谋略与文化内涵

中华精神家园书系

建筑古蕴

壮丽皇宫：三大故宫的建筑壮景
宫殿怀古：古风犹存的历代华宫
古都遗韵：古都的厚重历史遗韵
千古都城：三大古都的千古传奇
王府胜景：北京著名王府的景致
府衙古影：古代府衙的历史遗风
古城底蕴：十大古城的历史风貌
古镇奇葩：物宝天华的古镇奇观
古村佳境：人杰地灵的千年古村
经典民居：精华浓缩的最美民居

古建风雅

皇家御苑：非凡胜景的皇家园林
非凡胜景：北京著名的皇家园林
园林精粹：苏州园林特色与名园
秀美园林：江南园林特色与名园
园林千姿：岭南园林特色与名园
雄丽之园：北方园林特色与名园
亭台情趣：迷人的典型精品古建
楼阁雅韵：神圣典雅的古建象征
三大名楼：文人雅士的汇聚之所
古建古风：中国古典建筑与标志

古建之魂

千年名刹：享誉中外的佛教寺院
天下四绝：佛教的海内四大名刹
皇家寺院：御赐美名的著名古刹
寺院奇观：独特文化底蕴的名刹
京城宝刹：北京内外八刹与三山
道观杰作：道教的十大著名宫观
古塔瑰宝：无上玄机的魅力古塔
宝塔珍品：巧夺天工的非常古塔
千古祭庙：历代帝王庙与名臣庙

文化遗迹

远古人类：中国最早猿人及遗址
原始文化：新石器时代文化遗址
王朝遗韵：历代都城与王城遗址
考古遗珍：中国的十大考古发现
陵墓遗存：古代陵墓与出土文物
石窟奇观：著名石窟与不朽艺术
石刻神工：古代石刻与文化艺术
岩画古韵：古代岩画与艺术特色
家居古风：古代建材与家居艺术
古道依稀：古代商贸通道与交通

古建涵蕴

天下祭坛：北京祭坛的绝妙密码
祭祀庙宇：香火旺盛的各地神庙
绵延祠庙：传奇神人的祭祀圣殿
至圣尊崇：文化浓厚的孔孟祭地
人间天宫：非凡造诣的妈祖庙宇
祠庙典范：最具人文特色的祭祠
绝代王陵：气势恢宏的帝王陵园
王陵雄风：空前绝后的地下城堡
大宅揽胜：宏大气派的大户宅第
古街韵味：古色古香的千年古街

物宝天华

青铜时代：青铜文化与艺术特色
玉石之国：玉器文化与艺术特色
陶器寻古：陶器文化与艺术特色
瓷器故乡：瓷器文化与艺术特色
金银生辉：金银文化与艺术特色
珐琅精工：珐琅器与文化之特色
琉璃古风：琉璃器与文化之特色
天然大漆：漆器文化与艺术特色
天然珍宝：珍珠宝石与艺术特色
天下奇石：赏石文化与艺术特色

古迹奇观
玉宇琼楼：分布全国的古建筑群
城楼古景：雄伟壮丽的古代城楼
历史开关：千年古城墙与古城门
长城纵览：古代浩大的防御工程
长城关隘：万里长城的著名关卡
雄关漫道：北方的著名古代关隘
千古要塞：南方的著名古代关隘
桥的国度：穿越古今的著名桥梁
古桥天姿：千姿百态的古桥艺术
水利古貌：古代水利工程与遗迹

山水灵性
母亲之河：黄河文明与历史渊源
中华巨龙：长江文明与历史渊源
江河之美：著名江河的文化源流
水韵雅趣：湖泊泉瀑与历史文化
东岳西岳：泰山华山与历史文化
五岳名山：恒山衡山嵩山的文化
三山美名：三山美景与历史文化
佛教名山：佛教名山的文化流芳
道教名山：道教名山的文化流芳
天下奇山：名山奇迹与文化内涵

自然遗产
天地厚礼：中国的世界自然遗产
地理恩赐：地质蕴含之美与价值
绝美景色：国家综合自然风景区
地质奇观：国家自然地质风景区
无限美景：国家自然山水风景区
自然名胜：国家自然名胜风景区
天然生态：国家综合自然保护区
动物乐园：国家动物自然保护区
植物王国：国家保护的野生植物
森林景观：国家森林公园大博览

西部沃土
古朴秦川：三秦文化特色与形态
龙兴之地：汉水文化特色与形态
塞外江南：陇右文化特色与形态
人类敦煌：敦煌文化特色与形态
巴山风情：巴渝文化特色与形态
天府之国：蜀文化的特色与形态
黔风贵韵：黔贵文化特色与形态
七彩云南：滇云文化特色与形态
八桂山水：八桂文化特色与形态
草原牧歌：草原文化特色与形态

东部风情
燕赵悲歌：燕赵文化特色与形态
齐鲁儒风：齐鲁文化特色与形态
吴越人家：吴越文化特色与形态
两淮之风：两淮文化特色与形态
八闽魅力：福建文化特色与形态
客家风采：客家文化特色与形态
岭南灵秀：岭南文化特色与形态
潮汕之根：潮州文化特色与形态
滨海风光：琼州文化特色与形态
宝岛台湾：台湾文化特色与形态

中部之魂
三晋大地：三晋文化特色与形态
华夏之中：中原文化特色与形态
陈楚风韵：陈楚文化特色与形态
地方显学：徽州文化特色与形态
形胜之区：江西文化特色与形态
淳朴湖湘：湖湘文化特色与形态
神秘湘西：湘西文化特色与形态
瑰丽楚地：荆楚文化特色与形态
秦淮画卷：秦淮文化特色与形态
冰雪关东：关东文化特色与形态

节庆习俗
普天同庆：春节习俗与文化内涵
张灯结彩：元宵习俗与彩灯文化
寄托哀思：清明祭祀与寒食习俗
粽情端午：端午节与赛龙舟习俗
浪漫佳期：七夕节俗与妇女乞巧
花好月圆：中秋节俗与赏月之风
九九踏秋：重阳节俗与登高赏菊
千秋佳节：传统节日与文化内涵
民族盛典：少数民族节日与内涵
百姓聚欢：庙会活动与赶集习俗

民风根源
血缘脉系：家族家谱与家庭文化
万姓之根：姓氏与名字号及称谓
生之由来：生庚生肖与寿诞礼俗
婚事礼俗：嫁娶礼俗与结婚喜庆
人生遵俗：人生处世与礼俗文化
幸福美满：福禄寿喜与五福临门
礼仪之邦：古代礼制与礼仪文化
祭祀庆典：传统祭典与祭祀礼俗
山水相依：依山傍水的居住文化

衣食天下
衣冠楚楚：服装艺术与文化内涵
凤冠霞帔：佩饰艺术与文化内涵
丝绸锦缎：古代纺织精品与布艺
绣美中华：刺绣文化与四大名绣
以食为天：饮食历史与筷子文化
美食中国：八大菜系与文化内涵
中国酒道：酒历史酒文化的特色
酒香千年：酿酒遗址与传统名酒
茶道风雅：茶历史茶文化的特色

国风美术
丹青史话：绘画历史演变与内涵
国画风采：绘画方法体系与类别
独特流派：著名绘画流派与特色
国画瑰宝：传世名画的绝色魅力
国风长卷：传世名画的大美风采
艺术之根：民间剪纸与民间年画
影视寻祖：民间皮影戏与木偶戏
国粹书法：书法历史与艺术内涵
翰墨飘香：著名书法名作与艺术
行书天下：著名行书精品与艺术

汉语之魂
汉语源流：汉字汉语与文章体类
文学经典：文学评论与作品选集
古老哲学：哲学流派与经典著作
史册汗青：历史典籍与文化内涵
统御之道：政论专著与文化内涵
兵家韬略：兵法谋略与文化内涵
文苑集成：古代文献与经典专著
经传宝典：古代经传与文化内涵
曲苑音坛：曲艺演唱项目与艺术
曲艺奇葩：曲艺伴奏项目与艺术

博大文学
神话魅力：神话传说与文化内涵
民间相传：民间传说与文化内涵
英雄赞歌：四大英雄史诗与内涵
灿烂散文：散文历史与艺术特色
诗的国度：诗的历史与艺术特色
词苑漫步：词的历史与艺术特色
散曲奇葩：散曲历史与艺术特色
小说源流：小说历史与艺术特色
小说经典：著名古典小说的魅力

歌舞共娱

古乐流芳：古代音乐历史与文化
钧天广乐：古代十大名曲与内涵
八音古乐：古代乐器与演奏艺术
鸾歌凤舞：古代大曲历史与艺术
妙舞长空：舞蹈历史与文化内涵
体育古项：体育运动与古老项目
民俗娱乐：民俗运动与古老项目
刀光剑影：器械武术种类与文化
快乐游艺：古老游艺与文化内涵
开心棋牌：棋牌文化与古老项目

科技回眸

创始发明：四大发明与历史价值
科技首创：万物探索与发明发现
天文回望：天文历史与天文科技
万年历法：古代历法与岁时文化
地理探究：地学历史与地理科技
数学史鉴：数学历史与数学成就
物理源流：物理历史与物理科技
化学历程：化学历史与化学科技
农学春秋：农学历史与农业科技
生物寻古：生物历史与生物科技

文化标记

龙凤图腾：龙凤崇拜与舞龙舞狮
吉祥如意：吉祥物品与文化内涵
花中四君：梅兰竹菊与文化内涵
草木有情：草木美誉与文化象征
雕塑之韵：雕塑历史与艺术内涵
壁画遗韵：古代壁画与古墓丹青
雕刻精工：竹木骨牙角匏与工艺
百年老号：百年企业与文化传承
特色之乡：文化之乡与文化内涵

杰出人物

文韬武略：杰出帝王与励精图治
千古忠良：千古贤臣与爱国爱民
将帅传奇：将帅风云与文韬武略
思想宗师：先贤思想与智慧精华
科学鼻祖：科学精英与求索发现
发明巨匠：发明天工与创造英才
文坛泰斗：文学大家与传世经典
诗神巨星：天才诗人与妙笔华篇
画界巨擘：绘画名家与绝代精品
艺术大家：艺术大师与杰出之作

戏苑杂谈

梨园春秋：中国戏曲历史与文化
古戏经典：四大古典悲剧与喜剧
关东曲苑：东北戏曲种类与艺术
京津大戏：北京与天津戏曲艺术
燕赵戏苑：河北戏曲种类与艺术
三秦戏苑：陕西戏曲种类与艺术
齐鲁戏台：山东戏曲种类与艺术
中原曲苑：河南戏曲种类与艺术
江淮戏话：安徽戏曲种类与艺术

千秋教化

教育之本：历代官学与民风教化
文武科举：科举历史与选拔制度
教化于民：太学文化与私塾文化
官学盛况：国子监与学宫的教育
朗朗书院：书院文化与教育特色
君子之学：琴棋书画与六艺课目
启蒙经典：家教蒙学与文化内涵
文房四宝：纸笔墨砚及文化内涵
刻印时代：古籍历史与文化内涵
金石之光：篆刻艺术与印章碑石

悠久历史

古往今来：历代更替与王朝千秋
天下一统：历代统一与行动韬略
太平盛世：历代盛世与开明之治
变法图强：历代变法与图强革新
古代外交：历代外交与文化交流
选贤任能：历代官制与选拔制度
法治天下：历代法制与公正严明
古代税赋：历代赋税与劳役制度
三农史志：历代农业与土地制度
古代户籍：历代区划与户籍制度

信仰之光

儒学根源：儒学历史与文化内涵
文化主体：天人合一的思想内涵
处世之道：传统儒家的修行法宝
上善若水：道教历史与道教文化

梨园谱系

苏沪大戏：江苏上海戏曲与艺术
钱塘戏话：浙江戏曲种类与艺术
荆楚戏台：湖北戏曲种类与艺术
潇湘梨园：湖南戏曲种类与艺术
滇黔好戏：云南贵州戏曲与艺术
八桂梨园：广西戏曲种类与艺术
闽台戏苑：福建戏曲种类与艺术
粤琼戏话：广东戏曲种类与艺术
赣江好戏：江西戏曲种类与艺术

传统美德

君子之为：修身齐家治国平天下
刚健有为：自强不息与勇毅力行
仁爱孝悌：传统美德的集中体现
谦和好礼：为人处世的美好情操
诚信知报：质朴道德的重要表现
精忠报国：民族精神的巨大力量
克己奉公：强烈使命感和责任感
见利思义：崇高人格的光辉写照
勤俭廉政：民族的共同价值取向
笃实宽厚：宽厚品德的生活体现

历史长河

兵器阵法：历代军事与兵器阵法
战事演义：历代战争与著名战役
货币历程：历代货币与钱币形式
金融形态：历代金融与货币流通
交通巡礼：历代交通与水陆运输
商贸纵览：历代商业与市场经济
印纺工业：历代纺织与印染工艺
古老行业：三百六十行由来发展
养殖史话：古代畜牧与古代渔业
种植细说：古代栽培与古代园艺

强健之源

中国功夫：中华武术历史与文化
南拳北腿：武术种类与文化内涵
少林传奇：少林功夫历史与文化